实用日语语法

李妍妍 编著

吉林大学出版社

·长春·

图书在版编目（CIP）数据

实用日语语法 / 李妍妍编著 . -- 长春：吉林大学
出版社，2023.9
ISBN 978-7-5768-2184-0

Ⅰ . ①实… Ⅱ . ①李… Ⅲ . ①日语—语法 Ⅳ .
① H364

中国国家版本馆 CIP 数据核字（2023）第 188334 号

书　　名：实用日语语法
　　　　　SHIYONG RIYU YUFA
作　　者：李妍妍
策划编辑：杨占星
责任编辑：赵　莹
责任校对：赵雪君
装帧设计：王青
出版发行：吉林大学出版社
社　　址：长春市人民大街 4059 号
邮政编码：130021
发行电话：0431-89580028/29/21
网　　址：http://www.jlup.com.cn
电子邮箱：jldxcbs@sina.com
印　　刷：长春市中海彩印厂
开　　本：787mm×1092mm　1/16
印　　张：13.75
字　　数：230 千字
版　　次：2023 年 9 月　第 1 版
印　　次：2023 年 9 月　第 1 次
书　　号：ISBN 978-7-5768-2184-0
定　　价：50.00 元

前　　言

随着中日两国之间联系的不断增加，各方面交流的深入开展，尤其是近几年中国经济高速发展，国际地位显著提升，对外经济、文化交流更加频繁，我国日语学习者的人数也日益增多。除了普通高校和职业院校日语学习人数稳步增长外，初、高中阶段和社会上的日语学习者也激增。我们身边就有很多在学习日语的人。然而对于日语的学习大家普遍感觉先易后难，越学越难，主要就是难在日语的语法过于复杂。为日语初、中级学习者提供一本实用的语法学习参考书，让日语语法学习不再迷茫，是本书编写的初衷。

本书编者总结多年教学工作经验，用简单清晰的语言简明扼要地梳理了日语语法的理论知识，同时尽量选用简短易懂的例句来说明语法规则，由浅入深、循序渐进，让日语学习者捋清日语语法，不再迷茫。在容易混淆的地方，编者做了特殊辨析讲解，帮助读者辨识清楚。另外，编者在第七章后面又针对日语的授受关系、使役、被动做了专题追加，让读者更加清晰日语这三大语法现象。

希望能为广大日语学习者提供切实有用的帮助。

限于编者的水平，本书的内容组合和解说难免有不尽如人意之处，甚至也难免有错漏之处，切望各位读者批评指正，以便今后修改、完善。

编者

2023年8月

目　录

第一章　绪论

第一节　日语语法

一、日语语法的定义

　　语言是人类用以表达思想、交流感情的工具。任何一种语言都有着各自的规律。语法（文法^{ぶんぽう}）就是语言关于词的结构和组词造句的规律和法则。日语语法（日本語^{に ほん ご}の文法^{ぶんぽう}）就是日语词的构成、变化规则和组词成句规则的总和。

二、日语语法的范围

　　日语语法包括词法（品詞論^{ひん し ろん}）和句法（文論^{ぶんろん}）两部分。词法主要分析词的语法作用、形态变化和语法意义等；句法主要研究句子中词的结构、句子成分、句子的类型等。词法是句法的基础，句法是深入了解句子含义的重要手段。这两部分相辅相成，密不可分。

　　日语语法分为口语语法（口語文法^{こう ご ぶんぽう}）和文语语法（文語文法^{ぶん ご ぶんぽう}）。原来口语指的是口头语言，文语指的是书面语言及文章。后来，把日本人日常生活中使用的语言和以其为基础写的文章都称为口语；把历史上（主要是平安时期）使用的词汇和语法作为文语。所以口语语法实际上就是现代日语语法。本书主要讲述的是现代日语语法。另外，口语还分为共同语（共通語^{きょうつう ご}）和方言（方言^{ほうげん}）。本书讲述日语共同语的语法。

三、日语语法的特点

　　日语属于黏着语（膠着語^{こうちゃく ご}），在语法上主要有以下三个特点：

　　（1）名词、代词等词在使用时必须黏着在助词或助动词等附属词的后面，

通过这些黏着成分来确定每个词在句子中的地位和作用；（2）日语中的一部分词（如动词、形容词、形容动词）虽然有词形变化，但这种变化本身不能表示某些语法意义，而是要通过与附属词（助动词）的黏着来表示；（3）日语的句子虽然有一定的语序，谓语总是在句子的最后，定语、状语总是在被修饰语的前面。但因为主语、宾语、补语等句子成分与谓语的关系主要是通过助词来表示，所以这些成分的顺序并没有严格的限制。

此外，日语的敬语特别复杂，敬语的问题既有词汇学或修辞学的问题，同时也有语法方面的问题，学习时要加以注意。

第二节　日语的基本语言单位

一、句子

句子（文）是表达一个完整的意思、最后有结尾的一连串的文字。每个句子都有一定的语调，表示陈述、疑问、感叹或祈使等语气。在连续表达语义时，句子和句子之间有一个较长的停顿。在书面上，每个句子的末尾要用句号来表示。这也同时说明句子是一个形态上具有独立性，内容上具有完结性，结构上具有统一性的语言单位。分析语法通常以句子为最大单位。

○うまい！（真好吃！）

○春が来た。（春天来了。）

○私の故郷は大連です。（我的故乡是大连。）

○人は、大切な、なにが守りたいと思った時に、本当に強くなれるものなんです。（人啊，在想保护最珍贵的东西的时候，会成为真正的强者。）

○かつて私たちの国では、花の美しさというように、抽象観念によって美しいものをとらえようとする言い方も乏しく、したがってそのような考え方もほとんどなかった。（过去在我们国家，像花一样美丽，缺乏这种用抽象观念去捕捉美丽事物的说法，因此也几乎没有这样的想法。）

以上例句无论长短都是一个句子。

二、句节

句节（文節）是指在不影响对句子意义理解的情况下，语气可停顿的最小单位。它是构成句子的直接单位，也是语言在实际运用中的最小段落，也叫作"句素（文素）"。

○春が　来た。（春天来了。）

○私の　故郷は　大連です。（我的故乡是大连。）

○日本語を　勉強には　文法が　大切だ。（学习日语，语法很重要。）

○新聞は　正しい　ニュースを　早く　知らせる　つとめを　もって　いる。

　（报纸起到尽快报道正确消息的作用。）

上面例句中划分出来的就是句节，分别表达一定的意义。通常不能再细分，如果再细分，意思就会含糊，使人感觉不自然。在实际发音时，句节与句节的断开处可以形成一个短暂的停顿。在划分句节时，如果在划分之处加上「ね」「な」「さ」等助词后仍感觉语气自然，便基本可以判断这是一个句节。

三、单词

单词（単語）是表达某种意义的最小的语言单位，也就是尽可能把句子细分所得到的最小的那一部分语言单位。单词是句子里可以自由运用的最小语言单位。分析语法时通常以单词为最小单位。

○桜　が　咲く。（樱花盛开。）

○涼しい　風　が　そよ吹く。（凉爽的风轻轻地吹。）

○私　は　中国　の　留学生　です。（我是中国留学生。）

○王さん　は　手紙を　書いて　いる。（小王正在写信。）

上面例句中画线的部分都属于单词。它不能再细分，如果再分解下去就只剩下发音，失去意义了。

四、句子、句节和单词

句子由句节构成，句节由单词构成。换句话说，就是组合单词而成句节，组

3

合句节而成句子。

　　○行け！（去！）

　　○雨が降る。（下雨。）

　　○アカシアの花が咲いた。（槐花开了。）

　　○言葉の勉強は日々の努力の積み重ねです。（语言的学习是要靠每天努力
　　　积累的。）

第三节　日语的词类

一、独立词和附属词

　　单词是构成句子的最小单位，每一个单词都可以在句子中自由运用，但在构成句节时，单词可以分成两大类。

　　○日本語が難しい。（日语难。）

　　○公園の桜はもうすっきり咲きました。（公园里的樱花已经全部开了。）

　　○張さんは鼻歌をしながら、掃除をしている。（张先生一边哼着歌一边打
　　　扫。）

　　从以上例句可以看出，有些单词在句子中独立构成一个句节，如「難しい」「ました」「いる」等。有些单词虽然在以上句子中没有独立构成句节，但是完全有可能让其独立构成句节，如「（桜が）咲く」「（鼻歌を）する」等。另外，以上句子中的「日本語」「桜」「張さん」「鼻歌」等单词，虽然也都没有独立构成句节，但显然都是构成句节的主要部分，这些词都具有独立的实际意义，是构成句子成分的主要内容。以上这些词，在日语语法里叫作"独立词（自立語）"。

　　以上例句中，「が」「は」「を」「ながら」等单词，附属在其他单词后面与其共同构成的句节。这些词既不可能单独构成句节，也不具备独立的实际性意义，在日语的语法中被称为"附属词（付属語）"。由此进行梳理，独立词和附属词的概念就是：

　　独立词：可以单独构成句节，具有实际性意义的单词。

附属词：不可以单独构成句节，不具有实际性意义，总是附属在独立词后面，与其共同构成句节的单词。

二、活用词和无活用词

日语中，有的单词根据它们在句子中的作用需要产生不同词形的变化，这类单词叫作"活用词（活用語<ruby>かつようご</ruby>）"。这类单词发生的词形变化叫作"活用（活用）"。不需要发生活用的单词叫作"无活用词（無活用語<ruby>むかつようご</ruby>）"。活用词中词形不发生变化的部分叫作"词干（語幹<ruby>ごかん</ruby>）"，发生变化的部分叫作"词尾（語尾<ruby>ごび</ruby>）"。

学校、国家、頭、手、一つ、ここ、すっかり、これから等这样的词是没有活用的，因此都是无活用词。

○李さんは手紙を書いている。（小李正在写信。）

○私は鉛筆で名前を書いた。（我用铅笔写了名字。）

○張さんは右手だけでなく、左手さえ字が書ける。（小张不仅右手能写字，左手也可以。）

○明日からに日記を書こう。（从明天开始我要写日记。）

上面例句中「書く」是发生了词形变化的，因此是活用词。

根据活用词的用法及词尾的活用形式归纳起来的形态，叫作活用词的"活用形"。

上例中的"書い・書け・書こ"等，都可以叫作活用形。

活用词的活用形大致有如下六种：

1.未然形（未然形<ruby>みぜんけい</ruby>）主要连接表示对未来的推量或表达意志的助动词（活用词为动词时，也连接表示否定意义的助动词）。

2.连用形（連用形<ruby>れんようけい</ruby>）主要连接用言或其他活用词。

3.终止形（終止形<ruby>しゅうしけい</ruby>）主要用于结句，是活用词的基本形。

4.连体形（連体形<ruby>れんたいけい</ruby>）主要连接体言。

5.假定形（仮定形<ruby>かていけい</ruby>）主要连接"ば"，表示假定条件。

6.命令形（命令形<ruby>めいれいけい</ruby>）表示命令或愿望（仅限于动词）。

三、品词分类

根据单词本身的性质及在句子中的作用对单词进行分类，所得的各类词叫作品词。关于品词的分类，不同的语法学家有不同的分类方式，总的来说可以概括为以下几种：名词、形式名词、指示词、连体词、感动词（感叹词）、动词、形容词、形容动词、副词、接续词、助词、助动词。

本书将逐一对以上品词分类进行介绍讲解。

第四节　日语单词的构造

从日语单词的结构上来看，单词大致可以分为三类：单纯词（単純語^{たんじゅん ご}）、复合词（複合語^{ふくごう ご}）和派生词（派生語^{は せい ご}）。

一、单纯词

单纯词是指不能再分成两个或两个以上的、具有独立概念的词。如：桜、本、愛、金、頭、手、見る、読む、暑い、たいへん、これ、しかし、ほら、パン、アイス、テーブル等。

二、复合词

复合词是指由两个或两个以上的、具有独立概念的单词相结合而构成，表示一个新的意义的单词。

复合词根据词性的不同，又可以分为复合名词、复合动词、复合形容词等。

1.复合名词：由两个或两个以上的单词结合而成的名词。如：山道、手足、母親、月見、筆入れ、魚釣り、立ち読み、書き取り、思い出、食べ物、帰り道、出口、若者、丸顔、大雨、日長、手近、足早等。

2.复合动词：由两个或两个以上的单词结合而成的动词。如：成り立つ、受け取る、見送る、目覚める、名付ける、心得る、勉強する、長引く、近寄る等。

3.复合形容词：由两个或两个以上的单词结合而成的形容词。如：名高い、力強い、幅広い、蒸し暑い、聞き辛い、見苦しい、細長い、面倒くさい、甘辛い等。

4.其他：さきほど、ただいま、そのうえ等。

5.叠词（畳語<ruby>じょうご</ruby>）：两个相同的单词重叠而成的表示一个意义的单词。如：人々、時々、国々、我々、様々、年々、度々、馬鹿馬鹿しい、軽々しい、晴れ晴れしい、たまたま、まだまだ、かちかち、どんどん、にこにこ等。

三、派生词

派生词是指由接头词（接頭語<ruby>せっとうご</ruby>）或结尾词（接尾語<ruby>せつびご</ruby>）与单词结合而成的新的单词。所谓接头词和结尾词统称为接词（接辞<ruby>せつじ</ruby>），是指接在单词的头或尾，带来一定的意义和语感的成分。这些成分不能单独使用，只能作为构成单词的要素。

1. 接头词：接在某些单词的前面，起到添加意义或加强、调整语气的作用。

（1）添加意义的接头词：お寺、ご専門、無関心、不利益、未開拓、非常識、真先、素足、初春、ノーカウント等。

（2）加强、调整语气的接头词：引き続く、取り残す、差し入れる、繰り返す、もの寂しい、ひよわい、たやすい、けだるい等。

2.结尾词：接在某些单词的后面，起到添加意义或引起词类变化的作用。

（1）添加意义、不引起词类变化的结尾词：王さん、神様、彼ら、私たち、一人、二番目、運転手、日本人、サラリーマン、一年間、授業中、西洋風、中国式等。

（2）引起词类变化的结尾词：暑さ、可能性、楽しげ、経済的、病気がち、男らしい、子供っぽい、どろだらけ、やりにくい、恐がる、学者ぶる、一日あたり、３時ごろ等。

第二章 体言

体言（体言_{たいげん}）是表示事物实体概念的词，与用言是一组对立的概念。在日语中，名词、代名词、数词可以用来表示事物实体概念，所以一般来说，体言包括名词（名詞_{めいし}）、代名词（代名詞_{だいめいし}）、数词（数詞_{すうし}）三大类。

从形态上和功能上看，体言有以下几个特点：

1.属于独立词；

2.本身没有活用；

3.后续助词或部分助动词可构成主语、宾语、定语、补语等句子成分；

4.可以被连体修饰语修饰。

第一节 名词

一、名词的定义

名词是指表示人或事物名称的词。名词属于体言，是没有活用的独立词，可以成为句子的主语。

二、名词的分类

名词根据意义可以分为普通名词和固有名词两种。

1.普通名词：表示一般事物名称的名词。如：山、川、鳥、学生、日常会話、事件、マンション、ペン等。

2.固有名词：表示固定的人、物、场所的名词。如：孔子、源氏物語、火

星、明治維新、北京、富士山、アメリカ、日本放送協会等。

三、名词的用法

1.可以后续助词「が」「は」「も」等，构成主语。

○雨が降っている。

○日本は島国です。

○今日もまた雨です。

2.可以后续助动词「だ」「です」等或语气助词「か」「よ」等，构成谓语。

○これは日本語の本だ。

○あの方は先生ですか。

○あの人は留学生だよ。

3.可以后续助词「の」「に」「で」「を」等做定语、补语、状语、宾语等。

○コンピューターの本を読んでいます。

○上海に着きました。

○図書館で勉強します。

○部屋を掃除しました。

4.可以接在用言后，做被修饰语。

○新しい携帯を買いました。

○大阪へ行く電車。

5.可以单独构成独立语。

○李さん、おはようございます。

○陳君、富士山に登ったことがありますか。

四、形式名词

形式名词（形式名詞）在句子中起到与名词相同的语法作用，但是不具有其原有的实质含义，而某些具有实质含义的句节需要借助形式名词才能在句中起到体言的作用，充当句子成分。因此形式名词在句子中起到了重要的语法作用。

9

　　日语中常见的形式名词有「こと・もの・の・ところ・わけ・はず・つもり・かわり・ため・うえ・とおり・ほう・かぎり・しだい・せい・まま・うち・もと・ほか」等。

　　下面逐一介绍以上各形式名词的用法。

1. こと

　　（1）代表某种事情。

　　○世の中には分からないことが多い。

　　○みんなで食べることが楽しい。

　　（2）接在用言后面起到名词化作用。

　　○知ることはやさしいが、行うことは難しい。

　　○子供は両親の言うことを聞くものだ。

　　（3）接在「名詞＋の」的后面，表示"与……相关的事情"。

　　○僕のことを忘れないでください。

　　○お金のことはご心配しないでください。

　　（4）表示提醒、劝告、主张、愿望或间接命令。

　　○健康を願うなら、早起きすることだ。

　　○欠勤するときは必ず会社に連絡することだ。

　　（5）用「ことには」的形式表示强调语气。

　　○習うことには習ったが、覚えられなかった。

　　○食べたことには食べたが、味がよく分からなかった。

　　（6）用「ことができる」的形式表示可能、能力。

　　○私は日本語を話すことができる。

　　○彼の言うことは信用することができない。

　　（7）用「ことがある」的形式表示有时或时常发生的情况。

　　○お風呂のとき、一人で歌を歌うことがある。

　　○場合によっては、変更が変わることがある。

　　（8）用「たことがある」的形式表示有过某种经历。

　　○私はマレーシアへ行ったことがある。

　　○私はインド料理を食べたことがある。

（9）用「ことはない」的形式表示劝告，告诫对方不要做某事，或表示按理说不会出现某事。

○今更彼にそんな手紙など書くことはない。

○ピアノを弾くということは、繰り返し練習したら、できないことはない。

（10）用「ことにする」的形式表示主观意志做出某种决定。

○日曜日には友達と一緒に芝居を見に行くことにした。

○今夜は眠いから、明日早く起きて勉強することにしよう。

（11）用「ことになる」的形式表示客观事物发展的趋势、结果。

○今度日本へ行くと、全部で11回日本へ行ったことになる。

○静止の物体に力がかかると、その物体が動くことになる。

（12）用「ことにしている」的形式表示一般的生活习惯或规律。

○夏休みには、家族そろって海へ行くことにしている。

○私は毎晩寝る前に牛乳一杯飲むことにしている。

（13）用「ことになっている」的形式表示计划或规定。

○教室では日本語で話すことになっている。

○兄は今年の八月、東京大学を卒業することになっている。

2. もの

（1）代表人或事物。

○長男は銀行に就職し、次男は小学校の教師になった。結局父親の病院を継ぐものはいなかった。

○子供のごろ、私は人の食べているものを食べたかった。

（2）用「ものだ」的形式表示情理、常理、真理、往事的回忆、愿望、惊叹等。口语中可以说成「もんだ」。

○先生の言うことは聞くものだ。

○子供がお菓子が好きなものだ。

○虹は太陽の反対側に出るものだ。

○子供の頃、よくこの川で泳いだものだ。

○海外には行けなくても、国内の旅行ぐらいはしたいものだ。

○月日の経つのは、本当に早いものだ。

（3）用「ものではない」的形式表示阻止、禁止或强烈的否定。

○そんなことを言うものではない。

○万里の長城は2年や3年で作り上げたものではない。

3. の

（1）代表人、事、物。

○メガネをかけたのは山田先生です。

○夜起きるのが嫌なら、医者になるな。

○昨日見たのは『デスノート』だった。

（2）接在用言后面，起到名词化的作用。

○彼が同意に達すのは困難だった。

○天気の悪いのは嫌ですね。

（3）用「～のは～からだ」的形式表示前果后因。

○飛行機の到着が遅れたのは、天気が悪かったからです。

○私が反対したのは、こういう結果を予想していたからだ。

（4）用「～のだ」的形式表示提示、主张或加强语气，口语中可以说成「んだ」。

○これは北京で買ったのです。

○嬉しそうな顔をして、どこへ行くんだ。

○子供でさえできたのだから、大人にできないはずがない。

4. ところ

（1）表示程度。

○あと二三日で、仕上がるというところです。

○これくらいのところで許してください。

（2）表示内容。

○先生、間違っているところを直していただけますか。

○君の言うところが正しい。

（3）表示时间。

○食事をしているところにお客が来た。

○部屋を出ようとするところへ、雨が降り出した。

（4）表示地点。

○この地方はりんごの多く取れるところだ。

○この地方は美しい自然に恵まれているところはない。

（5）表示范围。

○聞くところによると、今度新しい辞典が出るそうだ。

○私の知っているところでは、彼はアメリカへ留学したことがない。

（6）表示理应、应当。

○こちらからお詫びをするところです。

○昔ならお手打ちというところだった。

5. わけ

（1）表示某种情况所致的结果。

○彼はずっと日本で働いていたので、日本の事情にかなり詳しいわけです。

○苦しいわけです。熱が40度もあるのですから。

（2）用「わけがない」的形式表示没有理由、原因发生某种事态。

○薬も飲まないで治るわけがない。

○子供は大人のようにうまくやれるわけはない。

（3）用「わけではない」的形式表示并非某种情况。

○足を怪我していますが、歩けないわけではない。

○私は魚が嫌いだというわけではない。

（4）用「わけにはいかない」的形式表示从情理、常识、道德、规范上不能做某事。

○いくら痩せたくても、何も食べないわけにはいかない。

○買う金はあるが、将来のことを考えると、あまり贅沢のものを買うわけにはいかない。

6. はず

（1）表示按某种情理推测、判断得出的理应如此的结论。

○一週間前に国の妻に手紙を出したのだから、もう着いているはずだ。

○若者でも大変なのに、まして老人には耐えられるはずがない。

（2）表示预计，预定。

○汽車は10時に出るはずです。

○友達は1時に来るはずなのに、まだ来ない。

（3）用「はずだった」的形式表示预期没有实现。

○あの荷物は今日の午前届くはずだったですが。

○今日天気予報では雨が降るはずだった。

7. つもり

（1）表示打算、计划。

○どのぐらい日本にご滞在なさるつもりですか。

○明日は出かけるつもりですが、もっとも雨が降れば別です。

（2）表示权当作。

○タバコを吸ったつもりで、貯金しましょう。

○実際は電気を消さなかったが、消したつもりで家を出てしまった。

（3）表示预计、估计。

○君のつもりでは、どれほど費用がかかるか。

○近道をしたつもりでいたが、実は遠回りになってしまった。

（4）表示与事实不符的自我判断。

○自分では正しいつもりでも、他の人から見れば間違っていることもある。

○あの人は自分では有能なつもりだが、その仕事ぶりに対する周囲の評価は低い。

8. かわり

（1）表示（以后项）代替前项。

○今日は社長の代わりに伺いました。

○初めに巣箱から10メートル離れたところに、花の蜜の代わりに、砂糖水を入れた皿を置きました。

（2）表示补偿条件或交换条件。

○英語を教えてもらうかわりに、日本語を教えてあげましょう。

○田舎は静かな代わりに交通が不便だ。

9. ため

（1）表示目的。

○人は食うために生きるのではなくて、生きるために食うのだ。

○獲物になる動物たちも襲ってくる獣から逃げるために走る。

（2）表示原因。

○明日雨のため、試合が中止になった。

○二人はあまりにも口げんかをしたため、結局離婚することになった。

（3）表示対事物的影响。

○体のためにいいことはなんでもする。

○学生のためになる本を書きたい。

10. うえ

（1）表示添加。

○詩人である上に政治家でもある。

○このあたりは静かな上に交通が便利だ。

（2）表示時間。

○家族と相談した上で決めます。

○お目にかかったうえでお話します。

（3）表示范围。

○工業の発展を促す上で大きな意義を持つ。

○計算の上では間違いはない。

（4）表示条件。

○やると言ってしまった上は、何が何でもやらなければならない。

○事実がそうであったうえは仕方がない。

（5）表示根据。

○暦のうえでは、もう春だというのに、まだ寒い日が続いている。

○その公園は地図の上では近くてすぐ行けそうに見えるが、実は坂が多くて行きにくい場所です。

11. とおり

表示按照、正如。

○やっと予定通りに仕事を済ませた。

○おっしゃったとおりになりました。

12. ほう

（1）表示比较。

○大阪より東京のほうが人口が多いです。

○スポーツは見るより自分でやるほうが好きです。

（2）表示建议、劝告。

○熱が高いんだったら、医者に見てもらったほうがいい。

○あの人はおしゃべりだから、話さない方がいいと思います。

（3）表示方向、方位。

○あっちのほうへ行ってみましょう。

○京都の北のほうは冬には雪がずいぶん積もる。

13. かぎり

（1）表示事物的极限。

○力の限り闘ったが、勝てなかった。

○できる限りの努力はした。後は結果を待つだけだ。

（2）表示期限。

○その演劇の公演は今週限りで打ち切れる。

○今度限りでもう大阪へは出張しません。

（3）表示条件。

○病気にならない限り、会社を休まない。

○この山小屋にいる限りは安全だろう。

（4）表示事物的范围。

○私の知っている限りでは、このデパートは北京で一番大きいデパートだ。

○この病院の受付は午前中ですが、急病の場合はこのかぎりではない。

14. しだい

表示事物发展过程中的状态、情况、起因、时间等。

○こういう次第で、旅行に行けなくなりました。

○結婚した相手次第で人生が決まってしまうこともある。

（2）表示事物的根据。

○全ては、君の決心次第だ。

○作物の出来具合はこの夏の天気次第です。

（3）表示"一……就……"。

○雨が止み次第、出かけることにしよう。

○落し物が見つかり次第お知らせします。

15. せい

表示导致某种事态发生的原因，后项多为消极结果。

○熱があるせいか、寒気がする。

○わがままな母親のせいで、彼女は結婚が遅れた。

16. まま

（1）表示保持原样。

○地球上の二酸化炭素が増えるままにしておいてはいけない。

○もしその本に出会わなかったら、恐らく私は今あるがままの私ではな
　かったであろう。

（2）表示顺从某种状态。

○春の風に誘われるままに、講演を散歩した。

○彼は上司に命令されるままに行動していただけだ。

（3）表示随心所欲。

○足の向くまま、ふらりと旅に出た。

○気の向くままに、絵筆を走らせた。

17. うち

（1）表示范围。

○この三曲のうちでどれが一番気に入りましたか。

○5分やそこら漢字の練習をしたって、それではやったうちに入らない。

（2）表示时间的限定。

○プラットホームで友達と話をしているうちに、電車が行ってしまった。

○長年月のうちに、顔料が緩慢な化学変化を受けて、色がますます複雑に
なった。

18. もと

（1）表示条件、前提。

○両親の了解のもとに3年間の留学が可能になった。

○弁護士立会いのもとに当事者間の協議が行われた。

（2）表示影响所及的范围。

○先生の指導の下で研究を続ける。

○科学技術委員会の主催のもとに工業の新製品の品評会が行われた。

19. ほか

（1）表示肯定一点，否定其他。

○今日の成功を見たのは絶え間ない努力の結果にほかならない。

○バスが来なければ、歩くよりほかない。

（2）表示累加。

○私はりんごのほかに、梨やバナナなども好きです。

○田中ほか五名が参加した。

第二节　代名词

一、代名词的定义

代替名词而直接指示人或事物的词叫作代名词（代名詞）。

二、代名词的分类

根据指示内容的不同，代名词可以分为人称代名词（人称代名詞）和指示代

名词（指示代名詞<ruby>指示代名詞<rt>し　じ　だいめいし</rt></ruby>）。

　　1.人称代名词：指代替人的代名词，可以分为自称（第一人称），对称（第二人称），他称（第三人称）和不定称。

表2.1 人称代名词表

种类	自称（一人称）	对称（二人称）	他称（三人称）			不定称（疑问）（ド类）
			近称（コ类）	中称（ソ类）	远称（ア类）	
单数	わたくし	あなた	このかた	そのかた	あのかた	どなた
	わたし		このひと	そのひと	あのひと	どのひと
	ぼく	きみ			かれ／かのじょ	だれ
	おれ	おまえ	こいつ	そいつ	あいつ	どいつ
复数	わたくしども	あなたがた	このかた	そのかた	あのかた	どのかた
	わたくしたち	あなたたち	このひとたち	そのひとたち	あのひとたち	どのひとたち
	わたしども	――	――	――	――	――
	わたしたち	――	――	――	――	――
	ぼくら	きみら	――	――	かれら／かのじょら	だれ
	ぼくたち	きみたち	――	――	――	――
	おれたち	おまえたち	――	――	――	――
	おれら	――	こいつら	そいつら	あいつら	どいつら
	われわれ	――	――	――	――	――

2.指示代名词：指代事物、场所和方向的代名词，可分为事物指示代名词、场所指示代名词和方向指示代名词。由于每种指示代名词都有近称、中称、远称和不定称的区别，而且它们多以「コ」「ソ」「ア」「ド」作为第一音节，所以又被称为「コソアド」体系。

表2.2 指示代名词

意义	定称			不定称（疑问）（ド类）
	近称（コ类）	中称（ソ类）	远称（ア类）	
指示事物	これ	それ	あれ	どれ
	これら	それら	あれら	
指示场所	ここ	そこ	あそこ	どこ
指示方向	こちら	そちら	あちら	どちら
	こっち	そっち	あっち	どっち

三、代名词的用法

代名词属于体言，用法与名词大致相同，即可以后加助词，做主语、连用修饰语、连体修饰语和谓语，也可以做独立成分，如做宾语等。

1.人称代名词用法
（1）做主语。
○彼は新聞を読んでいる。
○あなたは日本人ですか。
（2）做谓语。
○あの方はどなたですか。
○これがケチな私です。
（3）做宾语。
○私を除いて、みんな反対しました。
○彼を邪魔しないで、忙しいから。

（4）接助词做其他成分。

○その方は私たちの数学の先生です。

○誰と旅行に行きますか。

（5）做独立语。

○あなた、ここに来てください。

○お前、何をしているんだ。

2.指示代名词用法

（1）做主语。

○これが私たちの学校です。

○そこは体育館です。

（2）做谓语。

○学生の食堂はここです。

○教員室はこちらです。

（3）做宾语。

○君は何をしていますか。

○それを私に渡ってください。

（4）接助词做其他成分。

○どれが君のボールペンですか。

○ここに座ってもいいですか。

四、代名词的转用

代名词虽有人称代名词和指示代名词之分，但有时可以转用，而且指示代名词之间有时也可以互换使用。

1.事物指示代名词转为人称代名词的他称。

一般多用于指照片、图像上的人，或者是关系亲密的人，或者是同辈以下的人。

○これは私の長男です。

○それは妹です。

2.方向指示代名词转为人称代名词。

可以用在自称、对称、他称和不定称方面。「こちら」一组比「こっち」一组语气要郑重些。

〇こちらは田中先生です。

〇あちらではたいへん喜んでいるそうです。

〇どちらさまでいらっしゃいますか。

3.事物指示代名词转为场所指示代名词。

〇これより立ち入り禁止。

4.方向指示代名词转为事物指示代名词。

〇どっちがいいですか。

〇ちょっとそちらを見せてください。

5.方向指示代名词转为场所指示代名词。

〇先生のお宅はこちらですか。

〇そちらの天気はどうですか。

6.事物指示代名词转用于表示时间。

〇今回の授業はこれで終わります。

〇李さんとは先月会議で会ったが、あれが最後だった。

7.场所指示代名词转用于表示时间。

〇ここ三年ほど連絡がない。

〇電車がおりたら雨が降っていた。そこへちょうどタクシーがきた。よかった。

第三节　数词

一、数词的定义

表示事物的数量、顺序的词叫作数词。数词分为基数词、量数词和序数词。

二、基数词

基数词是数词的一种，通常指计算数目用的整数。现代日语中的基数词多采用音读形式的汉语词。

例如：一（いち）、二（に）、三（さん）、四（し或よん）、五（ご）、六（ろく）、七（しち或なな）、八（はち）、九（く或きゅう）、十（じゅう）、十一（じゅういち）、十四（じゅうし或じゅうよん）、十七（じゅうしち或じゅうなな）、四十（よんじゅう或しじゅう）、七十（しちじゅう或ななじゅう）、九十（きゅうじゅう）、百（ひゃく）、三百（さんびゃく）、四百（よんひゃく）、六百（ろっぴゃく）、七百（ななひゃく）、八百（はっぴゃく）、九百（きゅうひゃく）、千（せん）、三千（さんぜん）、四千（よんせん）、七千（しちせん或ななせん）、八千（はっせん）、九千（きゅうせん）、一万（いちまん）、一千万（いっせんまん）、一億（いちおく）……此外，部分基数词还可以采用训读形式的和语词。

例如：一（ひと或ひ）、二（ふた或ふ）、三（み）、四（よ）、五（いつ）、六（む）、七（なな）、八（や）、九（ここの）、十（とお）、二十（はた）、三十（みそ）、百（もも）、千（ち）、万（よろ）等。

这类和语基数词在现代日语中大部分已经不再单独使用，变成了构成量词等的词素。例如：一年（ひととせ）、二月（ふたつき）、二十歳（はたち）、三十日（みそか）、百歳（ももとせ）等。

三、量数词

量数词通常指表示人或事物数量的数词。日语的量数词由基数词加表示数量的单位名称的接尾词构成。这种接尾词，日语叫作"助数词（助数詞）"，相当于汉语的量词。日语的量数词的数量较多，现将常用的列举如下。

1.人数的数法

一人（ひとり）、二人（ふちり）、三人（さんにん）、四人（よにん或よったり）、五人（ごにん）、六人（ろくにん）、七人（しちにん或ななにん）、八人（はちにん）、九人（くにん或きゅうにん）、十人（じゅうに

ん）、十一人（じゅういちにん）、十二人（じゅうににん）…何人（なんにん）。

2.年龄的数法

（1）一つ（ひとつ）、二つ（ふたつ）、三つ（みっつ）、四つ（よっつ）、五つ（いつつ）、六つ（むっつ）、七つ（ななつ）、八つ（やっつ）、九つ（ここのつ）、十（とお）、…二十歳（はたち）…幾つ（いくつ）。

（2）一才（いっさい）、二才（にさい）、三才（さんさい）、四才（よんさい）、五才（ごさい）、六才（ろくさい）、七才（しちさい或ななさい）、八才（はっさい）、九才（きゅうさい）、十才（じっさい）、十一才（じゅういっさい）、十二才（じゅうにさい）…二十才（なんさい）…何才（なんさい）。（"才"可写作"歳"）

3.物品的数法

（1）一つ（ひとつ）、二つ（ふたつ）、三つ（みっつ）、四つ（よっつ）、五つ（いつつ）、六つ（むっつ）、七つ（ななつ）、八つ（やっつ）、九つ（ここのつ）、十（とお）…幾つ（いくつ）。

（2）一個（いっこ）、二個（にこ）、三個（さんこ）、四個（よんこ）、五個（ごこ）、六個（ろっこ）、七個（ななこ或しちこ）、八個（はっこ或はちこ）、九個（きゅうこ）、十個（じっこ或じゅっこ）、十一個（じゅういっこ）…何個（なんこ）。

4.以年为单位计算时间的数法

（1）一年（いちねん）、二年（にねん）、三年（さんねん）、四年（よねん）…何年（なんねん）。

（2）一年間（いちねんかん）、二年間、三年間、四年間…何年間 。

5.以月为单位计算时间的数法

（1）一か月（いっかげつ）、二か月（にかげつ）、三か月（さんかげつ）、四か月（よんかげつ）…七か月（ななかげつ）、八か月（はっかげつ或はちかげつ）、九か月（きゅうかげつ）、十か月（じっかげつ）…何か月（なんかげつ）。

（2）一月（ひとつき）、二月（ふたつき）、三月（みつき）、四月（よ

つき）…（五个月以下多用训读数法）幾月（いくつき）。

6.以星期为单位计算时间的数法

一週間（いっしゅうかん）、二週間（にしゅうかん）、三週間（さんしゅうかん）、四週間（よんしゅうかん）…何週間（なんしゅうかん）。

7.以日为单位计算时间的数法

一日間（いちにちかん）、二日間（ふつかかん）、三日間（みっかかん）、四日間（よっかかん）、五日間（いつかかん）、六日間（むいかかん）、七日間（なのかかん或なぬかかん）、八日間（ようかかん）、九日間（ここのかかん）、十日間（とおかかん）…何日間（なんにちかん）。

以日为单位计算时间，在不引起误会的情况下，可以省略“間”字。

8.以小时为单位计算时间的数法

一時間（いちじかん）、二時間（にじかん）、三時間（さんじかん）、四時間（よじかん）…七時間（しち或ななじかん）、九時間（くじかん）、十時間（じゅうじかん）…何（なんじかん）。

9.以分钟为单位计算时间的数法

一分間（いっぷんかん）、二分間（にふんかん）、三分間（さんぷんかん）、四分間（よんふんかん）、五分間（ごふんかん）、六分間（ろっぷんかん）、七分間（しちふんかん或ななふんかん）、八分間（はちふんかん或はっぷんかん）、九分間（きゅうふんかん）、十分間（じっぷんかん）…何分間（なんぷんかん）。

以秒为单位计算时间，在不引起误会的情况下，可以省略“間”字。

10.以秒为单位计算时间的数法

一秒（いちびょう）、二秒（にびょう）、三秒（さんびょう）、四秒（よんびょう）…何秒（なんびょう）。

以秒为单位计算时间，一般不加“間”字；必要时也可以加“間”字。

11. 日语中一般数细而长的东西用“本”，数宽而薄的东西用“枚”，数房屋、店铺等用“軒”，数楼层用“階”，数杯子等用“杯”，数鞋袜用“足”，数书本用“冊”，数杂志、报纸用“部”，数较小的兽类、鱼、虫等用“匹”，数较大的兽类用“頭”，数鸟类和兔子用“羽”。

表2.3 常见数量词

量数词	内容
～冊	书籍、杂志等
～回	次数
～台	汽车、自行车、机器等能运转的东西
～着	衣服（一般是上衣）
～揃い	手套、衣服（成套的）
～枚	薄平物品，盘子、邮票、纸张、衬衫、床单等
～本	树木、笔、裤子等各种细长的东西；录音带、录像带等
～匹	比山羊小的动物，山羊、猫、狗、蚊子、小昆虫等
～頭	大的动物，大象、老虎、牛、马、狮子等
～羽	鸟类、兔子等
～番	次序
～足	鞋、袜等
～階	楼层
～株	有根植物或股票
～軒	房屋、店铺等
～杯	茶、咖啡、酒等饮料
～泊	住宿夜晚
～缶	罐装食品、饮料
～脚	桌椅等带腿的东西
～組	班级、班组
～条	带子等细长条东西、条纹
～箱	盒装物品（如香烟等）
～部	书籍、文件等
～面	报纸的版面；镜子、琴、棋盘等

12.日本货币的数法

（1）本位货币：一元（いちえん）、二元（にえん）、三元（さんえん）、四元（よえん）、五元（ごえん）、六元（ろくえん）、七元（ななえん或しちえん）、八元（はちえん）、九元（きゅうえん）、十元（じゅうえん）、五十元（ごじゅうえん）、百元（ひゃくえん）、千元（せんえん）、一万元（いちまんえん）…何元（なんえん）。

（2）辅币：一銭（いっせん）、二銭（にせん）、三銭（さんせん）、四銭（よんせん）、五銭（ごせん）、六銭（ろくせん）、七銭（ななせん或しちせん）、八銭（はっせん）、九銭（きゅうせん）、十銭（じっせん）…何銭（なんせん）。

辅币的进位单位为百；辅币多用于金融市场交易，在日常生活中已不大使用；辅币的"銭"可译成"分"。

四、序数词

表示事物的顺序、次第、等级的数词叫作序数词。序数词由数量数词加接头词或接尾词构成。常用的序数词如下：

1.日历的数法

（1）年份：「二零二二年」也可以写作「2022年」，读作「にせんにじゅうにねん」；「令和四年」也可以写作「令和4年」，读作「れいわよねん」。年份中的一年读作「いちねん」，四年读作「よねん」，七年读作「しちねん」或「ななねん」，九年读作「くねん」或「きゅうねん」，何年读作「なんねん」。

（2）月份：一月（いちがつ）、二月（にがつ）、三月（さんがつ）、四月（しがつ）、五月（ごがつ）、六月（ろくがつ）、七月（しちがつ）、八月（はちがつ）、九月（くがつ）、十月（じゅうがつ）、十一月（じゅういちがつ）、十二月（じゅうにがつ）、何月（なんがつ）。

（3）日期：一日（ついたち）、二日（ふつか）、三日（みっか）、四日（よっか）、五日（いつか）、六日（むいか）、七日（なのか或なぬか）、八日（ようか）、九日（ここのか）、十日（とおか）、十一日（じゅういちに

ち）、十二日（じゅうににち）、十三日（じゅうさんにち）、十四日（じゅうよっか）、十五日（じゅうごにち）、十六日（じゅうろくにち）、十七日（じゅうしちにち）、十八日（じゅうはちにち）、十九日（じゅうくにち）、二十日（はつか）、二十一日（にじゅういちにち）…何日（なんにち）。

2.时刻的数法

（1）时（点钟）：一時（いちじ）、二時（にじ）、三時（さんじ）、四時（よじ）、五時（ごじ）、六時（ろくじ）、七時（しちじ或ななじ）、八時（はちじ）、九時（くじ）、十時（じゅうじ）、十一時（じゅういちじ）、十二時（じゅうにじ）、何時（なんじ）。

（2）分：一分（いっぷん）、二分（にふん）、三分（さんぷん）、四分（よんぷん）、五分（ごふん）、六分（ろっぷん）、七分（しちふん或ななふん）、八分（はちふん或はっぷん）、九分（きゅうふん）、十分（じっぷん或じゅっぷん）……何分（なんぷん）。

（3）秒：一秒（いちびょう）、二秒（にびょう）、三秒（さんびょう）、四秒（よんびょう）、五秒（ごびょう）、六秒（ろくびょう）、七秒（しちびょう或ななびょう）、八秒（はちびょう）、九秒（きゅうびょう）、十秒（じゅうびょう）…何秒（なんびょう）。

要表示几点几分几秒就是把（1）（2）（3）三种读法结合起来。

例如：「二時四十分三十秒」读作「にじよんじっぷんさんじゅうびょう」。另外，「八時五十分」也可以说成「九時五分前」，读作「くじごふんまえ」。「九時五分」也可以说成「九時五分過ぎ」，读作「くじごふんすぎ」。

3.星期几的数法

月曜日（げつようび）、火曜日（かようび）、水曜日（すいようび）、木曜日（もくようび）、金曜日（きんようび）、土曜日（もくようび）、日曜日（にちようび）、何曜日（なに或なんようび）。

"月曜日"等的"日"字可以省略，说成"月曜"等。

4.事物的顺序、次第、等级

事物的顺序、次第、等级等常用「第」「目」「番」「号」「級」「位」「等」「流」等接头词和接尾词来表示。

例如：第一（だいいち）、二つ目（ふたつめ）、三年目（さんねんめ）、四番（よんばん）、第三号（だいさんごう）、三月号（さんがつごう）、五号（ごごう）、一級（いっきゅう）、三年級（さんねんきゅう）、第一位（だいいちい）、六位（ろくい）、一等（いっとう）、三等（さんとう）、一流（いちりゅう）、超一流（ちょういちりゅう）、三流（さんりゅう）等。

五、其他数词

其他数词包括倍数、分数、小数、百分数、概数和不定数词等。

1.倍数用接尾词"倍"来表示。

例如：一倍（いちぼい）、二倍（にぼい）…十倍（じゅうぼい）…何倍（なんぼい）。

需要注意的是"倍"也可以单独做名词用，这时为二倍义。

例如：〇六の倍は十二。

〇倍にして返す。

2.分数用"～分～"来表示，也可以用阿拉伯数字写作a/b。

例如：二分の一（にぶんのいち）、2/3（さんぶんのに）等。

3.小数用阿拉伯数字加小数点来表示。小数点"."读作「てん」。

例如： 0.1（れいてんいち）、2.3（にてんさん）、4.05（よんてんれいご）等。

4.百分数用百分号"%"来表示，读作「パーセント」。读百分数时先读数字后读百分号。

例如：1%（いちパーセント或いっパーセント）、4%（よんパーセント）、10%（じっパーセント或じゅっパーセント）、100%（ひゃくパーセント）等。

上述百分数也可以直接写作一パーセント、四パーセント、十パーセント、百パーセント等。

5.概数是指表示事物的大概数量的词。

例如：二三日（にさんにち）、四五人（しごにん）、五日余り（いつかあまり）、二十余年（にじゅうよねん）、数回（すうかい）、数件（すうけ

ん）、数枚（すうまい）等。

6.不定数词，表示疑问和不确定数量的数词。基数词中没有不定数词，只有量数词和序数词中有不定数词。本书已将其列入有关的量数词和序数词之中。

第三章　用言

用言是表示事物作用、现象的词，是动词（動詞）、形容词（形容詞）、形容动词（形容動詞）的总称。

用言在语法上有以下共同特点：

1.属于独立词；

2.有活用；

3.可以被状语修饰。

第一节　动词

一、动词的定义

动词，从广义上来说，是指表示动作行为的品词类，比如「走る」「運動する」「飛ぶ」等；从狭义上来说，还包括一些表示状态的词，比如「いる」「ある」「尖る」「聳える」「優れる」「分かる」「できる」等。

日语的动词，从词形上来说，有一个共同的特征，即所有动词都是以ウ段假名结尾的动词。比如，「言う」「歩く」「話す」「立つ」「死ぬ」「飲む」「売る」「泳ぐ」「遊ぶ」等。

二、动词的分类

日语的动词按照不同的分类标准可以分为不同的种类。

1.根据活用形进行分类

根据活用形所在的段数或行数，日语的动词分为五段活用动词（简称五段动词），一段活用动词（简称一段动词），サ变活用动词（简称サ变动词）和カ变

活用动词（简称力变动词）。

五段动词：动词的倒数第一个假名为「る」以外的假名的动词都是五段动词。比如「言う」「歩く」「話す」「立つ」「死ぬ」「飲む」「泳ぐ」「遊ぶ」等。

另外，如果动词以「る」结尾，而倒数第二个假名为ア段、ウ段或オ段假名的动词为五段动词。比如「売る」「かかる」「上がる」等。

一段动词：动词的倒数第一个假名为「る」，并且倒数第二个假名为イ段或エ段假名的动词为一段动词。比如「起きる」「食べる」等。

但是，也存在一些例外的动词，它们虽然是以「る」结为，倒数第二个假名是イ段或エ段假名的动词，但是在活用的时候却遵循五段动词的规则，属于特殊的五段动词，比如「減る」「要る」「帰る」「切る」「練る」「入る」「蹴る」「知る」等。

サ变动词：专指「する」这个动词，或者是以「名词＋する」的形式存在的动词。比如「勉強する」「仕事する」「散歩する」。这些「する」前面的名词，都是些具有动词含义的名词。

力变动词：只有一个，即「来る」。

表 3.1 动词常用活用形（1）

动词类型	例词	未然形「ない」	連用形「ます」	連用形「て／た／たり」	終止形
五段動詞	言う	言わ	言い	言っ	言う
	泣く	泣か	泣き	泣い	泣く
	話す	話さ	話し	話し	話す
	立つ	立た	立ち	立っ	立つ
	死ぬ	死な	死に	死ん（で）	死ぬ
	読む	読ま	読み	読ん（で）	読む
	売る	売ら	売り	売っ	売る
	泳ぐ	泳が	泳ぎ	泳い（で）	泳ぐ
	呼ぶ	呼ば	呼び	呼ん（で）	呼ぶ

（续表）

动词类型	例词	未然形「ない」	連用形「ます」	連用形「て／た／たり」	終止形
一段動詞	食べる	食べ	食べ	食べ	食べる
	起きる	起き	起き	起き	起きる
サ変動詞	する	し／せ	し	し	する
カ変動詞	来る	こ	き	き	来る

表 3.2 动词常用活用形（2）

动词类型	例词	連体形	仮定形「ば」	命令形	推量形「う（よう）」
五段動詞	言う	言う	言え	言え	言おう
	泣く	泣く	泣け	泣け	泣こう
	話す	話す	話せ	話せ	話そう
	立つ	立つ	立て	立て	立とう
	死ぬ	死ぬ	死ね	死ね	死のう
	読む	読む	読め	読め	読もう
	売る	売る	売れ	売れ	売ろう
	泳ぐ	泳ぐ	泳げ	泳げ	泳ごう
	呼ぶ	呼ぶ	呼べ	呼べ	呼ぼう
一段動詞	食べる	食べる	食べれ	食べろ	食べよう
	起きる	起きる	起きれ	起きろ	起きよう
サ変動詞	する	する	すれ	しろ／せよ	しよう
カ変動詞	来る	来る	くれ	こい	こよう

通过上表，不难看出，五段动词在发生七种（连用形有两种）活用形的变化时，词尾假名的变化横跨アイウエオ五个段，因此叫作五段活用动词。而一段动词倒数第二个假名始终都保持在イ段或者エ段上，也就是说只在一个段上变化，所以叫作一段活用动词。同样道理，サ变动词和カ变动词，它们的各种活用形都发生在サ行和カ行上，因此叫作サ变动词和カ变动词。

让我们来了解一下各活用形的具体用法。

（1）未然形

①否定：后续"ない、ぬ（ん）"，表示否定。

○私は行かない。

②使役：后续"せる、させる"，表示使、教、让别人做某动作。

○学生に宿題をさせる。

③被动：后续"れる、られる"，表示承受别人的动作。

○彼は母に叱られた。

④可能：后续"れる、られる"，表示具有某种能力或可能性。

○これは食べられるよ。

⑤尊敬：后续"れる、られる"，表示尊敬。

○先生が帰られた。

⑥推量：后续"う、よう"，表示推量或意志（第一人称）；非五段动词未然形后续"まい"，表示否定的推量或否定的意志（非第一人称）。

○明日の朝は早く起きようと思う。

○天気が悪いから、横浜さんが来まい。

（2）连用形

①尊敬：后续"ます"表示尊敬、谦让或郑重。

○私は映画を見に行きます。

②时态：后续"た"，表示过去、完了；后续"ている"，表示动作状态的持续；后续"てある"或"ている"，表示动作结果的存续。

○スーパーで、パンを買った。

○雨が降ている。

○テーブルの上の花が飾ってある。

〇襟のところに何かついている。

③中顿：连用形本身或后续"て"，表示中顿、并列或单纯接续。

〇朝、ご飯を食べて、学校へ行きます。

〇兄はピアノを弾き、妹は歌を歌う。

④连用：后续结尾词，构成复合词。

〇風が吹き始めた。

⑤希望：后续"たい、たがる"，表示愿望、希望。

〇母さんが作った手料理を食べたい。

〇中国人は誰でも万里の長城に乗りたがる。

⑥样态：后续"そうだ"，表示样子、情况、状态。

〇雨が降りそうだ。

⑦条件：后续"ては、ても、たら"等，表示逆接条件。

〇明日は運動会だから、雨が降っては困る。

〇雨が降っても行く。

〇明日雨が降ったら、試合は延期する。

⑧并列：后续"ながら"，表示两个动作同时进行；后续"たり"，表示并列。

〇考えことをしながら歩いている。

〇日曜日には買い物をしたり、映画を見たりします。

（3）终止形

①结句：终止形本身表示结句。

〇日本語を勉強する。

②并列：后续"し"，表示并列。

〇雪も降るし風も吹いた。

③条件：后续"と"，表示顺接假定条件；后续"から"，表示顺接确定条件；后续"が、けれども"，表示逆接确定条件。

〇この雨が長く続くと、不作の恐れがある。

〇授業があるから、行けない。

〇昼間は騒ぐが、夜は静かだ。

④传闻：后续"そうだ"，表示传闻。

○午後から雨になるそうだ。

⑤推量：后续"らしい"，表示推量。五段动词终止形后续"まい"，表示否定的推量或否定的意志（第一人称）。

○天気予報によると、明日は雨が降るらしい。

○あの店、二度と行くまい。

（4）连体形

①连体：后续体言或相当于体言的词语，构成修饰关系。

○あれは市内へ行くバスです。

②比况：后续"ようだ"，表示比况或推量。

○わかるようですが、実はわからないんです。

③条件：后续"ので"，表示顺接确定条件；后续"のに"，表示逆接确定条件。

○明日は試合があるので、みんな一生懸命練習しています。

○熱があるのに、外出した。

④推量：后续"だろう、でしょう"，表示推量。

○雨が降るだろう。

（5）假定形

①条件：后续"ば"，表示顺接假定条件。

○春になれば、花が咲く。

②并列：后续"ば"，表示并列。

○猫が好きな人がいれば、嫌いな人もいる。

（6）命令形

命令：表示命令或愿望。

○きれいに掃除しろ。

○明日はいい天気になれ。

2.动态动词和状态动词

动态动词是指表示动作、行为、情感变化等的动词。比如「調べる」「勉強する」「飲む」「感動する」「喜ぶ」等。

　　状态动词是指像形容词或名词那样，表示存在、状态、必要性、关系、可能等的动词。比如「ある」「いる」「尖る」「属する」「要る」「できる」等。

　　3.自动词和他动词

　　自动词是指动作主的动作行为没有涉及其他事物，或者说对其他事物没有产生影响的动词。比如「走る」「歩く」「戻る」「消える」「上がる」等。

　　他动词是指动作主的动作行为涉及了其他事物，或者说对其他事物产生了影响的动词。比如「食べる」「飲む」「戻す」「消す」「上げる」等。该动作行为涉及的对象在句子中做该动作行为的补语（宾语），用「を」来表示。比如「ご飯を食べる」「お茶を飲む」「本を戻す」「字を消す」「手を上げる」等。

　　日语中还存在很多成对出现的自他动词。列举如下。

　　自动词：上がる　変わる　深まる　戻る　増える　かかる　消える　つく

　　他动词：上げる　変える　深める　戻す　増やす　かける　消す　つける

　　另外，日语中还存在一些像「仕事が終わる／仕事を終わる」「ボールが弾む／チップを弾む」「電池が持つ／お金を持つ」等，既可以做自动词用，也可以做他动词用的动词。除此之外，还有比如下面这些动词。

　　振るう　開く　伴う　移動する　継続する　結合する　分解する　完成する

　　另外，所有动词，即便是自动词，它的使役形都是他动词。比如下面的句子。

　　○息子が買い物に行った。

　　○息子を買い物に行かせた。

　　与之相对，所有动词，即便是他动词，它的被动形都将变成自动词。比如下面的句子。

　　○王さんが李さんを殴った。

　　○李さんが王さんに殴られた。

　　下面将成对出现的自他动词总结如下。

aru	上がる	かかる	下がる	閉まる	始まる	終わる	丸まる	伝わる
eru	上げる	かける	下げる	閉める	始める	終える	丸める	伝える
aru	収まる	重なる	被さる	固まる	決まる	染まる	混ざる	高まる
eru	収める	重ねる	被せる	固める	決める	染める	混ぜる	高める
aru	儲かる	休む	弱まる	受かる	加わる	埋まる	助かる	すわる
eru	儲ける	休める	弱める	受ける	加える	埋める	助ける	すえる
aru	変わる	集まる	止まる	当たる	曲がる	見つかる	植わる	備わる
eru	変える	集める	止める	当てる	曲げる	見つける	植える	備える

eru	出る	生える	増える	負ける	冷める	荒れる	枯れる	焦げる	絶える
asu	出す	生やす	増やす	負かす	冷ます	荒らす	枯らす	焦がす	絶やす
eru	遅れる	肥える	慣れる	逃げる	濡れる	冷える	漏れる	燃える	
asu	遅らす	肥やす	慣らす	逃がす	濡らす	冷やす	漏らす	燃やす	

iru	伸びる	満ちる	生きる	懲りる
asu	伸ばす	満たす	生かす	懲らす

iru	起きる	落ちる	降りる	滅びる
osu	起こす	落とす	降ろす	滅ぼす

aru	塞がる	絡まる	包まる	掴まる	跨る
u	塞ぐ	絡む	包む	掴む	跨ぐ

u	減る	動く	乾く	盛る
asu	減らす	動かす	乾かす	盛らす

eru	取れる	切れる	焼ける	破れる	割れる
u	取る	切る	焼く	破る	割る

u	開く	付く	育つ	立つ	並ぶ	進む
eru	開ける	付ける	育てる	立てる	並べる	進める
u	緩む	やむ	近づく	続く	浮かぶ	片付く
eru	緩める	やめる	近づける	続ける	浮かべる	片付ける
u	痛む	傾く	落ち着く	揃う	縮む	届く
eru	痛める	傾ける	落ち着ける	揃える	縮める	届ける

ru	残る	移る	起こる	返る	通る	直る	回る	渡る
su	残す	移す	起こす	返す	通す	直す	回す	渡す

reru	倒れる	壊れる	崩れる	汚れる	穢れる	零れる
su	倒す	壊す	崩す	汚す	穢す	零す
reru	流れる	現れる	隠れる	離れる	外れる	
su	流す	現す	隠す	離す	外す	

その他	見える	聞こえる	消える	生まれる	入る	乗る	似る
	見る	聞く	消す	生む	入れる	乗せる	似せる

4.意志动词和非意志动词

意志动词是指受动作主意志支配的动词。比如「飲む」「運ぶ」「書く」「行く」「歩く」等。

非意志动词是指不受动作主意志支配的动词。比如「閉まる」「分かる」

「ある」「できる」等。

他动词几乎都是意志动词，而自动词则不都是非意志动词，比如上面提到的「行く」「歩く」都是受动作主支配的，所以是意志动词。成对儿出现的自他动词中的自动词都是非意志动词，比如下面的例句中的动词。

○窓が閉まっている。

○電気が消えた。

○財布が落ちた。

另外，状态动词一般都是非意志动词，但是「いる」却是意志动词。比如下面的句子。

○もう帰るの？夕飯までいなさいよ。

　　—じゃあ、もう少しいようかな。

动词的可能形表示动作主有可能或有能力做某事，因此一定是受动作主意志支配的动词才能变成可能形。也就是说，只有意志动词才能变成可能形，而非意志动词不能变成可能形。而意志动词一旦变成了可能形，它就变成了非意志动词，也就是说可能动词是非意志动词。比如下面两句话。

○私は日本へ行く。

○私は日本へ行ける。

这两句话中，"去还是不去日本"是可以受"我"的意志支配的，但是"能不能去得成"就不一定受"我"的意志支配了。

同样道理，动词的被动形表示的是某个动作主（动作主A）被另外一个动作主（动作主B）施与了某个动作或行为，因此一定是受动作主（这里指动作主B）意志支配的动作才能变成被动形。也就是说，只有意志动词才能变成被动形，而非意志动词不能变成被动形。而意志动词一旦变成了被动形，就变成了非意志动词，也就是说被动动词是非意志动词。比如下面两句话。

○王さんが李さんを騙した。

○王さんが張さんに騙された。

两句话中，"小王骗还是不骗小李"是受"小王"的意志支配的，但是"小王是否被小张骗"就难受"小王"支配了。

另外，还有一些动词，他们既可以是意志动词，也可以是非意志动词，需要

看它们所处的具体的语言环境。比如下面两句话。

○寒いから店の中に入って待つことにした。

○かばんが一杯になっていて、この本はもう入らない。

这两句话当中，前者中的「入る」，是说话人可以控制得了的动作，因此是意志动词；而后者中的「入る」，动作主是「本」，是无法支配「入る」这个动作的，因此是非意志动词。顺便提一下，汉语母语者在表达"装不进去"的时候，经常出现「入れない」的误用，需要引起注意。因为这里面的"装"不是意志动词，不能变成可能形，因此不是「本が入れない」，而是「本が入らない」。

三、时态

时态是以说话时的时间点为基准，将所描述的事件放在时间轴上表示的语法范畴。在这个时间轴上，在说话时的时间点之前的时态为过去时，在说话时的时间点之后的时态为将来时。

1.述语的ル形和タ形

日语中用来表示时态的述语形式有ル形和タ形。比如「食べる」这个动词，比较「さっき食べた」「今食べる」「後で食べる」这三种时态的形式。与表示在说话时的时间点之前的「さっき」一起出现的时候，表示的是过去时。与表示在说话时的时间点之后的「後で」一起出现的时候，表示的是将来时。但是需要注意的是，表示说话时的时间点「今」一起出现的时候，他表示的是即将发生的事情，即将来时，而不是表示现在正在发生的事情。也就是说，「食べる」这种动态动词的ル形表示的是将来时态。

但是，像「いる」「ある」这种静态动词则不同。比如下面的例子。

○犬はさっきここにいた/本はさっきここにあった。

○犬は今ここにいる/本は今ここにある。

第一组句子中的タ形表示的是过去，第二组中的「いる」「ある」的ル形与表示说话当时的时间副词「今」一起使用，但是表示的不是将来的事情，而是现在的状况。因此，静态动词的ル形表示的是现在时态，而不是将来时态。

也就是说，动词的ル形表示的时态因动词的种类的不同而不同。像「食べ

る」这样，表示动作行为的动态动词的ル形表示的是将来时态，而像「いる」「ある」这样表示状态的静态动词的ル形表示的是现在时态。另外，与静态动词类似，像「このコーヒーは美味しい」「太郎は学生だ」「ここは静かだ」等形容词，形容名词＋ダ名词＋ダ的形式（这里统称为ル形）也是表示现在时态。

那么，把上面的几种品词作为述语来考虑的话，就可以把述语分为动态述语和静态述语，如下所示。

述語：動的述語：動態動詞

　　　　静的述語：状態動詞・形容詞・形容動詞＋ダ・名詞＋ダ

综上分析，静态述语的ル形表示的是现在时态，而动态述语的ル形表示的是将来时态。因此，一般来说，将述语的ル形叫非过去时态，与此相对タ形则表示过去时态。

テンスの対立：

　　　　述語のタ形＝過去

　　　　述語のル形＝非過去　→　静的述語のル形＝現在

　　　　　　　　　　　　　　　　動的述語のル形＝未来

那么，动态述语和静态述语该如何区分呢？一般来说，可以通过是否能够与时间副词一起出现进行区分。比如，「あとでする」「もうすぐ来る」这样，述语的ル形能够与「あとで」「もうすぐ」等一起出现的述语为动态述语。而像「現在、太郎は外国にいる」「現在、いい天気だ」这样，述语的ル形能跟「現在」等一起出现的述语为静态述语。而动态述语要与「現在」一起出现的时候，需要将ル形变成テイル的形式，比如「現在、食べている」「現在、飲んでいる」「現在、書いている」等。

2.特例

上面说过，一般来说ル形是表示非过去时态的，而タ形则表示过去时态。但是也存在一些特例。即，有些时候ル形不一定表示非过去时态，而タ形有时候也不一定表示过去时态。

首先看动态述语的ル形不表示将来时态的情况。比如下面的例子。

○太郎は毎日七時に起きる。

○田中は毎週末ゴルフをする。

　　○関東の人は納豆を食べる。

　　○その年頃の子供はよく遊ぶ。

　　上面的例子中的ル形则超越了时态的限制，表示的是某人或某些人的习惯或倾向。

　　同样，静态述语的ル形也有不表示现在时态的情况。比如下面的例子。

　　○この地方の人々は平均的に背が高い。

　　○渋谷はいつ行っても人が多い。

　　○早朝の空気はすがすがしくて、気持ちがよい。

　　上面的例子也是超越了时间的限制，表示事物的一般性质。甚至，像下面的例子，动态述语的ル形表示现在时态的情况也存在。

　　○あ、夕日が沈む。

　　○あ、おみこしが通る。

　　○あ、バスが来る。

　　○頭がずきずきする。

　　上面的例子中，说话人将眼前发生的事情，如实况转播般表达出来，使用ル形给人一种身临其境的感觉。这种情况经常出现在日语的小说当中，明明是在描述着过去发生的事情，整体都是在使用タ形，但是会时不时地夹杂一些ル形出现。一方面是由于日语对于时态的要求不像英语那么严格，另一方面也借此表达一种身临其境的感觉。比如下面的例子。

　　○早朝に起きだして、太郎は窓を開けた。すがすがしい部屋に空気が流れ
　　　込む。太郎は大きく深呼吸した。

　　上面这句话就是利用了表示过去的タ形和犹如实况转播般给人以身临其境感觉的ル形来描述当时情景的典型例子。タ形的使用，基于实际情况，将事态置于过去的时间轴上，拉开了读者与事件之间的距离，而其中ル形的使用，则是为了向读者传达一种身临其境的感受。通过这样的一种述语形式的变化，可以产生让读者时而置身事外隔岸看花，时而身临其境细观其变的表达效果。

　　另外，介绍一下不表示过去的タ形的例子。

　　比如，你想不起来把东西放在哪里了，到处寻找，当你找到的时候，你会说「あ、こんなところにあった」，而不会说「あ、こんなところにある」。

再比如，你在某个晚会上碰到了一个曾有过一面之交的人，但是怎么也想不出他的名字。当你突然间想起来的时候，你会说「彼は山田さんだった」，而不是「彼は山田さんだ」。

以上这些情况并不是单纯地表示过去时态。而是将曾经在你记忆中的认识重新拾起，一般将这种用法叫作"发现"。

比如，在餐馆里就餐时，当服务员端来饭菜的时候，会向客人以夕形的形式进行确认，「ご注文の品はこれでよろしかったでしょうか」表示的是服务员对存在于自己记忆中的认识进行确认。暗示我记忆中是这样的，但是我的记忆有可能有误差，万一有了差错请不要怪我的意思。如果使用了「これでよろしいですか」的话，则是平白的确认，就没有了上述的语气。

四、补助动词

接在动词的某种形式的后面，失去原有的意义和独立性，为前面的动词增添某种意义的动词，叫作补助动词（補助動詞）。一般常见的补助动词接在动词"て"形后面起补助作用，有如下的几种。

1. "相"类补助动词

时态是用来描述动作行为发生的时间与说话的时间之间的前后关系的语法范畴。另外，还可以从动作行为所处的局面的角度对该动作行为进行描述。比如这个动作行为是出于刚开始的阶段，是正在进行，还是已经结束，等等。这样的语法范畴就叫作"相"。下面先介绍几种跟相有关的补助动词。

（1）ている

①表示动作进行中。

〇王先生は今電話をしています。

〇あの写真家の写真展が今上海で行われています。

〇今雨が降っています。

②表示方向性动作结果的持续。

〇王さんは今北京へ行っています。

〇張さんは今トイレに入っています。

③表示瞬间动作结果的持续。

○徐さんはもう結婚しています。

○おばあさんはもう死んでいます。

④表示状态。

○高い山が聳えています。

○その靴の先のところが尖っていて、面白いね。

⑤习惯。

○中国の西内陸では、小麦粉が主食として食べられています。

○私は毎朝散歩をしています。

（2）てある

①以「～が＋他动词＋てある」的结构，表示他人的动作结果的持续。

○ビールが冷やしてあります。

○連絡事項が掲示板に張ってあります。

②以「～を＋他动词＋てある」的结构，表示说话人的动作结果的持续。

○ビールを冷やしてあるから、飲んでね。

○連絡事項を掲示板に張ってあるから、見てね。

③以「～が＋他动词的被动形＋てある」的结构，表示对动作对象的客观描述。类似「ている」表示动作结果持续的用法。

○兄からの手紙にはそのことが書かれてある。

○家の門札には野原新之助とう名前が書かれてある。

④以「～を＋自动词的使役形＋てある」的结构，表示与「～を＋他动词＋てある」类似的意思。

○いつまでも花を開かせてある。

○子供を専門学校に通わせてある。

（3）ておく

①事先做好准备。

○次回までに予習しておいてください。

○これは重要だから、よく覚えておいてください。

②状态的持续。

○電気をつけておこう。

○紙が飛ぶから、窓を開けないでおいでください。

③放任。

○泣く子はほうっておいたら、いつの間にか泣き止むの。

○放っておいたら、あいつは何をするか知れない。

（4）てしまう

①完成。

○美味しいから全部食べてしまいました。

○仕事は全部やってしまいました。

②表示遗憾、后悔等心情。

○大事にしてきたパソコンが壊れてしまった。

○欲しかった本が売り切れてしまった。

③加强语气。

○若い学生たちはあの演出にすっかり魅了されてしまった。

○彼の勤勉ぶりにすっかり感心してしまった。

2.态度、方向类补助动词

（1）てみる

试着做某事。

○合うかどうか履いてみなければ分からない。

○やってみないとその面白さがわからない。

（2）てみせる

①做某事给别人看。

○歌がお上手だそうですが、一曲歌って見せてくださいよ。

○女性は自分を出来るだけ美しくして見せたがるものです。

②决心意志。

○今度こそ勝って見せるぜ。

○与えられた仕事がどんなに難しくても、必ず見事にやってみせる。

（3）てくる

①动作主由远及近地到来。

○大して親しいわけでもないのに、夜中に突然訪ねてくるなんて、彼は非

常識としかいえない。

○目印をつけた一匹のミツバチが、砂糖水を吸って、単箱に戻ってきました。

②动作对象由远及近地到来。

○夜中に電話がかかってきた。

○留学中の友達が誕生日のプレゼントを送ってきた。

③动作、行为、状态的出现。

○世界人口がこのまま増えると、いつか大きな問題になってくる。

○自然の緑が失われるばかりではなく、水害や土砂崩れなどの災害が副次的に起こってくる恐れがある。

④从过去到现在的变化。

○薬を飲んだので、風邪がだいぶ良くなってきた。

○ずっと一生懸命がんばってきたのだから、名門大学に入っても驚くことはありません。

⑤去别处再回来，表示动作的往返。

○チョークがないから、取ってくるね。

○コンビニに行ってきます。

⑥做完某个动作以后过来，表示动作的相继发生。

○ご飯を食べてきた。

○買い物をしてきたところです。

⑦移动的手段。

○家から歩いてきたのです。

○タクシーに乗ってきたのだから特に疲れてないよ。

（4）ていく

①动作主由近及远地离开。

○美智子さんは友達とけんかして、泣きながら帰っていった。

○ミツバチが次々に砂糖水のところへ飛んでいきました。

②动作、行为、状态的消失。

○汽車が地平線に消えていった。

○文明が人間の自然性を消していく。

③从现在到将来的变化。

○クラスが変わると、付き合う友達も変わっていく。

○これから寒くなっていくでしょう。

○このままほうっておくと、益々悪くなっていくでしょう。

④做完某个动作以后离开，表示动作的相继发生。

○ご飯を食べていく。

○買い物をしていく。

⑤移动的手段。

○会社まで歩いていく。

○タクシーに乗っていく予定なので、急がなくてもいいです。

3.授受补助动词

（1）てやる

①说话人或说话人一方的人为晚辈、下级等做事。

○子供に新しい自転車を買ってやった。

○東京の弟に、今年も故郷の名物を送ってやった。

②表示对动植物的一种温柔的心情。

○犬を散歩に連れて行ってやった。

○野菜をきれいに洗ってやった。

③表示对对方施加破坏、不满等消极行为。

○あまり癪に障るから怒鳴りつけてやった。

○うるさいから、怒ってやった。

④表示强烈的意志。

○今度こそ合格してやるぞ。

○がんばってやるぞ。

（2）てあげる

①说话人或说话人一方的人为长辈、上级，或同等级的人等做事。

○妹は母の誕生日に家中の掃除をしてケーキを焼いてあげた。

○私は娘に服を買ってあげた。

②表示对动植物的一种温柔的心情。

○犬を散歩に連れて行ってあげた。

○野菜をきれいに洗ってあげた。

③表示与说话人不相干的第三人称之间互相做事。述语客观描述。

○王さんが李さんを助けてあげた。

○李さんが王さんに英語を教えてあげた。

（3）てさしあげる

说话人或说话人一方的人为长辈、上级等做事，抬高对方，是「てあげる」「てやる」的敬语形式。

○昨日は社長を車で家まで送ってさしあげた。

○私は山内先生に写真をとってさしあげました。

（4）てくれる

①晚辈、下级或同等级的人为自己或自己一方的人做事。

○兄は私に写真をとってくれた。

○花子さんは私たちに日本の歌を教えてくれた。

②对方做了不利于自己的事情，表示讽刺等语气。

○本当に馬鹿なことをしてくれたね。

○よくも僕の悪口を言ってくれたな。

（5）てくださる

长辈、上级等为自己或自己一方的人做事，是「てくれる」的敬语形式。

○山田先生は時々日本の風俗習慣を話してくださいます。

○せっかくいろいろ計画してくださったのに、だめになってしまって申し訳ございません。

（6）てもらう

请求或拜托下级、晚辈或同等级的人做事。

○私は兄に写真をとってもらった。

○花子さんはお母さんに公園に連れて行ってもらった。

（7）ていただく

请求长辈、上级为自己或自己一方的人做事，是「てもらう」的敬语形式。

○私たちは山田先生に日本の風俗習慣を紹介していただきました。

○私は水野先生に数学を教えていただきました。

第二节　形容词

一、形容词的定义

形容词是表示事物的性质、状态或人的感情、感觉，且基本形是以"い"为词尾的词。

日语形容词的主要语法功能有：

1.作定语；

2.作状语；

3.作谓语。

同时，它也可以接受状语的修饰。

二、形容词的活用

日语形容词有活用。它与动词一样分为词干和词为两部分。形容词活用形有五种，即未然形、连用形、终止形、连体形、假定形。形容词活用形没有命令形。

表3.3 形容词活用形变化规则

基本形	词干	未然形	连用形	终止形	连体形	假定形
多い	おお	かろ	く；かっ	い	い	けれ
楽しい	たのし					

接下来介绍形容词各活用形的用法。

1.未然形

推量：后续"う"，表示推量。

○値段が高かろう。

○この頃忙しかろう。

2.連用形

（1）否定："く"后续"ない"，表示否定。

○家から学校まであまり遠くない。

（2）连用："く"后续"なる"，表示变化。

○風がだんだん強くなってきた。

（3）时态："かっ"后续"た"，表示过去、完了。

○昨日は暑かった。

（4）副词：连用形"く"可做副词用。

○田舎で夏休みを楽しく過ごした。

（5）中顿："く"或者"く"后续"て"，表示中顿或并列。

○新しいマンションは広く、交通は便利です。

○富士山は高くて美しい。

（6）条件："く"后续"ては、ても"；"かっ"后续"たら"表示顺接或逆接假定条件。

○苦しくても我慢しなさい。

○圧力が強くては（強かったら）、反動力も強いだろう。

（7）并列："かっ"后续"たり"，表示并列。

○近頃の気候は暑かったり寒かったりして、困ります。

3.終止形

（1）结句：终止形本身表示结句。

○風が強い。

（2）传闻：后续"そうだ"，表示传闻。

○ハルピンの冬はたいへん寒いそうだ。

（3）推量：后续"らしい、だろう"，表示推量。

○王さんはとても忙しいらしい。

○あの店は値段が高いだろう。

（4）条件：后续"と"，表示顺接假定条件；后续"から"，表示顺接确定条件。后续"が、けれども"，表示逆接确定条件。

○あまり遠いと見えない。

○美味しいから、たくさん食べる。

○あの人は意志が強いけれども、見識が足りない。

（5）并列：后续"し"，表示并列或理由。

○これは美味しいし、値段も安い。

4.连体形

（1）连体：后续体言或相当于体言的词语构成修饰关系。

○新しいカバンを買った。

（2）比况：后续"ようだ"，表示比况或推量。

○外は寒いようですね。

（3）条件：后续"ので"，表示顺接确定条件；后续"のに"，表示逆接确定条件。

○天気が悪いので、飛行機はまだ飛ばない。

○金もないのにぜいたくをする。

（4）推量：后续"だろう、でしょう"，表示推量。

○今年の冬は寒いだろう。

5. 假定形

（1）条件：后续"ば"，表示顺接假定条件。

○天気がよければ、一緒に山を登りましょう。

（2）并列：后续"ば"，表示并列。

○新しくできたレストランは値段も安ければ、味もいい。

三、补助形容词

补助形容词（補助形容詞）是指接在其他用言后面起补助作用的形容词。补助形容词的数量不多，只有"ない""ほしい""よい（いい）"三个。

1.补助形容词"ない"

补助形容词"ない"接在形容词、形容动词或同型助动词（如"たい、だ、そうだ"等）的连用形后面，表示否定。

○自分の子供が可愛くない親など、誰一人いない。

○およそ薬と名の付くもので、危険でないものはない。

○あの人は日本次でない。

○朝から曇っていたが、まだ雨が降りそうではなかった。

○私は行きたくない。

2.补助形容词"ほしい"

补助形容词"ほしい"接在动词或助动词连用形＋て后面，表示说话人希望对方进行某种动作。

○今後は注意してほしい。

○大きな声で話さないでほしい。

3.补助形容词"よい（いい）"

补助形容词"よい（いい）"接在动词或助动词连用形＋て（も）后面，表示允许或让步。

○すみません、ここに座ってもいいですか。

○明日は休日だから、学校へ行かなくても良い。

四、形容词的主体人称限制

形容词当中，表示人或事物的性质、状态、属性等的形容词，叫作属性形容词，比如「厚い」「高い」「黒い」等。还有一类形容词是表示人的感情、感觉的，叫作感情（感觉）形容词，比如「嬉しい」「悲しい」「楽しい」等，这类形容词词形的特点是，多以「しい」结尾。

日语的感情形容词在使用的时候，对主体有一定的限制。简单地说，就是感情形容词在词形不发生任何变化的时候，肯定句中，它只能表示说话人，即第一人称的感情感觉；疑问句中，可以用于第二人称。也就是说，如果主体变成了第三人称，那么感情形容词就要发生词形上的变化，否则无法使用。比如下面的例子。

〇私は嬉しいです。

〇（王さん、）嬉しいですか。

×李さんが嬉しいです。

〇李さんが嬉しがっている。

〇李さんが嬉しそうです。

〇李さんが嬉しいようです。

〇李さんが嬉しそうに見える。

〇李さんが嬉しげに見える。

〇李さんが嬉しいと言っている。

与之有类似限制的还有「ほしい」和「～たい」这两个词。比如下面的例子。

〇私は水が欲しい／私は水が飲みたい。

〇（王さん、）水が欲しいですか／水が飲みたいですか。

×李さんが水が欲しい／李さんが水が飲みたい。

〇李さんが水が欲しがっている／李さんが水が飲みたがっている。

〇李さんが水が欲しそうです／李さんが水が飲みたそうです。

〇李さんが水が欲しいようです／李さんが水が飲みたいようです。

〇李さんが水が欲しそうに見える／李さんが水が飲みたそうに見える。

五、形容词的「ございます」的形式

形容词的「ございます」的形式是古典日语中常用的形式，在现代日语中除了一些固定的问候语（「おはようございます」「ありがとうございます」）等形式外，已经很少见。这里简单将其变化规则介绍如下。

以「い」结尾的形容词变成「ございます」的形式时，将倒数第二个假名变成该行的オ假名后变成长音，再加「ございます」。比如下面的例子。

高（たか）い→高（たこ）うございます

早（はや）い→（お）早（はよ）うございます

めでたい→（お）めでとうございます

以「しい」结尾的形容词变成「ございます」的形式时，将「しい」变成

「しゅう」再加「ございます」。比如下面的例子。

嬉しい→嬉しゅうございます

悲しい→悲しゅうございます

第三节　形容动词

一、形容动词的定义

形容动词是从机能上来说跟上面提到的形容词一样，都是用来表示人或事物的性质、状态、属性、感情、感觉等的品词类别。但是从词形上来说，却跟上面的形容词不同，是以「だ」结尾的品词类。比如「静かだ」「朗らかだ」「便利だ」等。因其意义接近形容词，形态接近动词，所以叫作形容动词。

日语形容动词和形容词一样，其主要语法功能有：

1.做定语；

2.做状语；

3.做谓语。

同时，它也可以接受状语的修饰。

二、形容动词的活用

日语形容动词与形容词一样，它的活用形也有五种：未然形、连用形、终止形、连体形、假定形。

表3.4 形容动词活用形变化规则

基本形	词干	未然形	连用形	终止形	连体形	假定形
静かだ	静か	だろ	だっ　で　に	だ	な	なら
立派だ	立派					
勤勉です	勤勉	でしょ	でし	です		

接下来介绍形容动词各活用形的用法。

1.未然形

推量：后续"う"，表示推量。

○彼は今元気だろう。

○あそこは人が少ないから、静かでしょう。

2.连用形

（1）连用："で"后续"ある"，表示肯定。

○この辺は便利である。

（2）否定："で"后续"ない"，表示否定。

○あの花綺麗でない。

（3）时态："だっ、でし"后续"た"，表示过去、完了。

○一年前、この辺は大変にぎやかだった。

○昨日の夕焼けはとても綺麗でした。

（4）中顿：连用形"で"，表示中顿或并列。

○中国は豊かで美しい国である。

（5）副词：连用形"に"可做副词用。

○部屋をきれいに掃除しなさい。

（6）条件："で"后续"は、も"；"だっ、でし"后续"たら"表示条件。

○あんなにきれいでは人に愛されないことはない。

○体が丈夫でも重労働はいやでしょう。

○そこは静かだったら、そこで勉強しましょう。

（7）并列："だっ、でし"后续"たり"，表示并列。

○あいつの服装はきれいだったり汚かったり、時によって違う。

3.终止形

（1）结句：终止形本身表示结句。

○あの子は真面目だ。

（2）传闻：后续"そうだ"，表示传闻。

○あの先生はとても親切だそうだ。

（3）条件：后续"と"，表示顺接假定条件；后续"から"，表示顺接确定条件。后续"が、けれども"，表示逆接确定条件。

○周りが静かだと勉強しやすい。

○事実は明らかだから否定してもだめだ。

○この部屋は静かですが、小さいです。

（4）并列：后续"し"，表示并列。

○あの若者は心もきれいだし、行いも慎ましいし、本当に前途有望な青年だ。

4.连体形

（1）连体：后续体言或相当于体言的词语，构成连体修饰关系。

○きれいな花は誰でも好きだ。

（2）比况：后续"ようだ"，表示比况或推量。

○彼の性格はのんきなようだ。

（3）条件：后续"ので"，表示顺接确定条件；后续"のに、くせに"，表示逆接确定条件。

○この問題は簡単なので子供でもできる。

○言葉は丁寧なのに、挙動がそそっかしい。

5.假定形

条件：后续"ば"，表示顺接假定条件。

○景気がきれいなら（ば）、観光客が多いだろう。

三、形容动词词干的用法

形容动词除了上述用法外，其词干还可以单独使用。

1.后续结尾词构成名词或动词。

○山の中の静かさを楽しむ。

○真剣みが薄い。

○息子は勉強を嫌がる。

2.可单独使用，表示感叹。

○素敵、素敵。

○ああ、きれい。

3.后续推量助动词"らしい"，样态助动词"そうだ"及语气助动词"か、よ"等。

○そのことは確からしい。

○この靴は丈夫そうだ。

○この問題は簡単か。

四、特殊活用型形容动词

形容动词中有一些活用比较特殊的词被称作特殊活用型形容动词，也叫不完全型形容动词。这类词主要包括"こんなだ""そんなだ""あんなだ""どんなだ""同じだ"等。

表3.5 特殊活用型形容动词变化规则表

基本形	词干	词尾活用形					活用种类
		未然形	连用形	终止形	连体形	假定形	
こんなだ	こんな	だろ	だっ　で　に	だ	词干	なら	ダ活用
そんなだ	そんな						
あんなだ	あんな						
どんなだ	どんな	でしょ	でし	です	——	——	デス活用
同じだ	同じ						

如上表所示，这些形容动词没有连体形，后续体言时就用词干本身。但是需要注意的是，这些词在接"の、ので、のに"时需加上其连体形词尾"な"使用。

○こんな時にはどうしますか。

○そんなことは言った覚えがない。

○毎日同じ道を通って学校へ行きます。

○お母さんのご病気はどんななの。

○様式が同じなので、間違いやすい。

○天気があんななのにまた行くと言っている。

第四章　连体词、副词、接续词、感叹词

第一节　连体词

一、连体词的定义

连体词是指只能用于修饰体言、无活用变化的词。

二、连体词的分类

按照连体词的形态特征，主要有「こそあど」型连体词、「る」型连体词、「な」型连体词、「が・の」型连体词、「た・だ」型连体词以及来自部分副词转来的连体词。

「こそあど」型连体词：この、その、あの、どの、こんな、そんな、あんな、どんな。

「る」型连体词：ある、あらゆる、いわゆる、いかなる、あくる、さる、かかる、きたる、単なる。

「な」型连体词：大きな、小さな、おかしな、いろんな。

「が・の」型连体词：わが、例の、当の、ほんの。

「た・だ」型连体词：大した、とんだ、たった、ありふれた。

副词转来的连体词：きっと、ほぼ、じき、かなり、やや、もっとも、すぐ、つい、わずか、およそ、もっと、ちょうど。

三、连体词的用法

连体词只有一个用法，就是单独构成定语，修饰后面的体言。

○この本は日本語の本です。

○あらゆる困難を乗り越えて進む。

○小さな声で話すと聞こえない。

○友達が成功したことをわが事のように喜ぶ。

○トラックに追突されるとは、とんだ災難でしたね。

○大した影響はない。

○すぐ近くまで来たので、寄りました。

第二节　副词

一、副词的定义

在日语中主要用于修饰用言或谓语的无活用的独立词叫作副词（副詞）。副词可以单独构成状语，某些副词还可以修饰其他副词。

二、副词的分类

副词按照其意义或修饰功能，大致可以分为三类，即情态副词/状态副词（情態副詞/状態副詞）、程度副词（程度副詞）、陈述副词（陳述副詞）。

1.情态（状态）副词

情态（状态）副词主要是叙述人物感情或事物动作、作用的状态。

（1）拟声拟态词

拟声拟态词主要描述动作发出的声音或进行时的状态。

○彼女はくつくつ笑っている。

○赤ん坊はすくすく育っていった。

○めがねをかけると、はっきり見える。

○雨がざあざあ降っている。

（2）时间性状态副词

主要表示与时间有关的内容。

○切符はたちまち売り切れた。

○すぐ行きます。

（3）数量性状态副词

主要表示与数量有关的内容。

○ケーキをすっかり食べてしまった。

○図書館にはいい本がたくさんあるそうです。

（4）指示性状态副词

主要表示指示性内容。

○私はこう思います。

○この問題は大変難しくて、どう考えてもわからない。

2.程度副词

程度副词是指详细说明事物状态程度的副词。它主要修饰用言（尤其是形容词、形容动词）和情态副词。

○日本語を勉強する人がだいぶ増えた。

○この小説はとても面白い。

○やや細かに説明した。

3.陈述副词

陈述性副词是指修饰谓语的陈述方式的副词。陈述副词一般出现在靠近句首的位置，起到预告句末语气的作用。根据其与句子语气的呼应关系，可以分为以下几种。

（1）与肯定或积极的语气相呼应的陈述副词。

○確かによくできました。

○私にできるかどうかわかりませんが、とりあえずやってみましょう。

（2）与否定或消极的语气相呼应的陈述副词。

○あの先生はお酒はめったに飲みません。

○これは決して本物ではない。

（3）与推量语气相呼应的陈述副词。

○皆さんは多分賛成するでしょう。

○まさか嘘を言うまい。

（4）与假定语气相呼应的陈述副词。

○たとえどんな困難にあっても、私は負けない。

○もしそれが本当だったらどうする。

（5）与疑问或感叹语气相呼应的陈述副词。

○なぜ本当のことを教えてくれないのか。

○なんて素晴らしいことだろう。

（6）与表示愿望或请求的语气相呼应的陈述副词。

○ぜひご協力ください。

○どうぞご安心ください。

（7）与比况、样态助动词相呼应的陈述副词。

○美しくて、まるで絵のような風景です。

○いかにも嬉しそうな顔をしている。

（8）与强调语气或特殊语气相呼应的陈述副词

○なるほど美しい人だ。

○さすがに学者だ。何でもしている。

三、副词的用法

1.做状语，用来修饰用言或谓语。

○よく知らない。

○日本で一番高い山は富士山です。

○この字引はかなり便利だ。明日はきっと雨だ。

2.修饰其他副词。

○もっとゆっくり話してください。

○よほどはっきり見える。

○写真を少しぼんやり写った。

四、其他词类的副词性用法

1.形容词的副词性用法

○花瓶の白百合が芳しく香っていた。

○長い入院生活で、彼の顔は青白くやつれてしまった。

2.形容动词的副词性用法

○この新聞記事は事件を忠実に伝えている。

○失敗したことを謙虚に反省しなさいと、また同じ失敗をするよ。

3.动词的副词性用法

○王さんは黙ってビールを飲んでいる。

○彼は肩を揺すって大笑いをした。

4.名词的副词性用法

○人がおおぜい通りを歩いています。

○家事や育児にかまけて、長い間、自分を振り返る余裕もなかった。

5.数词的副词性用法

○10分待ちました。

○この箱にリンゴがいくつ入っていますか。

五、副词的转用

副词除了主要在句子中做状语，用来修饰用言或其他副词外，还有许多用法。

1.副词加格助词"の"，做定语。

○先の話をもう一度聞かせてください。

○あの地下鉄の駅でたくさんの人が乗り換える。

2.副词结句，做谓语。

○その話はもうたくさんだ。聞きたくない。

○彼女のネックレスはピカピカです。

3.副词加"する"，构成动词。

○彼は先生にほめられてにこにこしていた。

○あの子はなかなかしっかりしている。

4.直接修饰体言。后续体言一般为表示时间或空间的名词或代名词。

○もっと前に座りましょう。

○もう一時間待ってください。

第三节　接续词

一、接续词的定义

接续词（接続詞^{せつぞくし}）是连接在两个词语或两个句子之间，起到承上启下作用的词。一般出现在句首或文节之间，除了用来接续两个句子以外，还可以接续比句子更大的单位，如段落等。

二、接续词的分类

1.按词源分类

（1）转用型

副词：もっとも、あるいは、なお、また、かつ。

接续助词：と、が、けれども。

（2）转化型

由动词连用形转化而成：及び。

（3）转化型

名词·代词＋助词：ところで、それから、それに、それでときに、ところが、ものの、ものを、ゆえに、おまけに。

动词连用形＋助词或接续助词：よって、並びに、因みに、したがって。

动词＋助词：すると、要する。

由代词·助动词·助词复合而成的接续词：それだが、それなのに、このように、ですから、だが、でも、だけど、であるから。

连体指示性代词＋名词：そのうえ、そのうち、その代わり、そのくせ、その結果、そのため。

副词＋助词：または。

副词型指示代词＋动词：そうして、そうすると、そうすれば。

2.按意义分类

（1）表示并列或累加

○熱があるし、それに咳も出た。

○自動車および電気製品の海外輸出は年々増加している。

（2）表示选择

○黒あるいは青のインクを使って書きなさい。

○雨が降っていましたが、どうしますか。行きますか、それとも延期しますか。

（3）表示顺接条件

○春になった。すると花が咲き始めた。

○小さい時に海で怖い思いをした。それで海が好きになれない。

（4）表示逆接条件

○私は上海へ行きたい。しかし、暇がないのでいけない。

○魚が好きです。でも、刺身は嫌いです。

（5）表示转换话题

○では、次の話に移りましょう。

○やっと夏休みだね。ところで、今年の夏休みはどうするの。

（6）表示补充说明

○大連は四季すなわち春・夏・秋・冬の変化がある。

○父の兄の娘、つまり、私のいとこがその会社に勤めています。

三、接续词的用法

1.用于词语间的连接

○手紙もしくは電話で連絡してください。

○会長並びに副会長を選出する。

2.用于句节间的连接

○進学か、それとも就職かとずいぶん悩んだ。

○あの部屋は広くかつ明るい。

3.用于连句节的连接

○背が高く、そして、ハンサムなボーイフレンドが欲しい。

○大学に行こうか、それとも就職しようかと迷っています。

4.用于句子间的连接

〇この辺りは非常に交通が便利だ。したがって地価が高い。

〇彼女が説明してくれた。けれども、私にはよくわからない。

四、接续词与其他同形词类的区别

接续词大多是由其他词类直接转用或复合而成，因此在形式、读音和用法方面，与某些词类既有相同之处，又有区别。

1.接续词与副词的区别

区别方法：接续词和副词的区别主要在于它们在句子中所起的作用不同。接续词连接前后语句，起承上启下的作用；而副词起修饰用言的作用。同时副词的位置可以改变，但接续词不可。

〇本を読み、またレポートを書いた。（接续词）

〇昨日読んだ新聞をまた読んでいます。（副词）

2.接续词与接续助词的区别

区别方法：接续词和接续助词的区别主要在于它们的连接形式不同。连接句子时，接续词前要加标点符号，而接续助词前不能加。

〇二時間待った。けれども、一郎は姿を現さなかった。（接续词）

〇これは給料は良くないけれども、やりがいのある仕事だ。（接续助词）

3.接续词与形式名词的区别

区别方法：接续词一般位于句首或文节之间，连接句子和文节；而形式名词前一般有用言或用言性词语做连体修饰语。

〇ところで、あの話はどうなりますか。（接续词）

〇話したところで、無駄だ。（副形式名词）

4.复合接续词与其他品词的区别

由于这类词本身就是由代名词加助词复合转变而成的，因此要根据词义做具体分析。

〇お茶と、それからお菓子も欲しい。（接续词）

〇二人の争いはそれから起こった。（代词＋补格助词）

〇私はその場にいなかった。したがって何も知らない。（接续词）

〇学生のレベルにしたがって、試験問題を出す。（动词连用型＋接续助词）

〇金も地位を得た。だが、心が満たされない。（接续词）

〇今日は約束の日だが、友達がまだ来ない。（断定助动词＋接续助词）

第四节　感叹词

一、感叹词的定义

　　感叹词（感動詞）是表示感叹、招呼、应答等意义的，无活用的独立词。在句中构成独立成分。

二、感叹词的分类

　　1.按来源分类

　　（1）转用型

　　形容词：よし、ありがとう

　　连体词：あの

　　代词：これ、それ、あれ、どれ、なに

　　副词：ちょっと、なるほど、そう、さて、また

　　助词：な、ね、さ、さあ

　　动词：いらっしゃい

　　（2）复合型

　　连体词＋助词：あのね

　　接头词＋名词：おやすみ

　　感叹词＋感叹词：あらまあ、あらあら、はやはや、やれさて、さてさて

　　名词＋助词：こんにちは、こんばんは、さようなら

　　名词＋动词：ごめんなさい

　　动词连用形＋助词（助动词）：はじめまして、しめた、しまった

2.按意义分类

（1）表示感叹

○やれやれ、うまくやった。

○まあ、四万円もするの。高くて手を出せないわ。

○いや、素晴らしいなあ。

○うん、大丈夫ですよ。大丈夫。

○さて、行きましょう。

○はて、何だろう。

○ほう、車？

○やあ、しばらく。

○やれやれ、またダメか。

○よし、歌うぞ。

某些感叹词既可以表示感叹，又可以表示呼唤等。如：

○ああ、嬉しい。

○ああ、君だったのか。

○ああ、田中さん。

○ああ、思い出した。

○A：もう帰ろうか。

　B：ああ。

（2）表示寒暄

○李さん、おはよう。

○先生、おはようございます。

○みなさん、こんにちは。

○おやすみなさい。

○どうもありがとうございます。

○この間、どうも。

○ごめんなさいすみません。

○ごきげんよう、さようなら。

○じゃね。

从语气以及在句中所起的作用来看，表示寒暄的感叹词与一般意义上的感叹词有相似之处。但是表示寒暄的感叹词在表达形式上会出现各种形态上的变化。如"ありがとうございます"根据不同需要可以变换成"ありがとう；どうもありがとう；ありがとうございました。お電話ありがとうございました"等。而表示感叹、呼唤、应答等意义的感叹词，其音节不能任意组合、形式不能自由变化以及不能表示具体的内容，因此表示寒暄的感叹词在形态上与普通的感叹词有所不同。

（3）表示应答

○はい、わかりました。

○うん、いいですよ。

○えっ、何だっけ。

○いいえ、そうではないです。

○いや、私はそう思いません。

○はあ、かしこまりました。

（4）表示呼唤等

○あ、李さん、ちょっと。

○もしもし、高橋先生のお宅ですか。

○さあ、行きましょう。

○ほら、それを見て。

（5）号子声

○わっしょい。

○よいしょ。

○よし。

日语的感叹词通常分为男性用、女性用和男女共用三种。如：男性常用的感叹词有"やあ、いやいや、おい、おおう、よっ、よう、ほう、えっ、なあ、うん"等，女性常用的感叹词有"うわあ、ねえ、あら、あらあら、あらら、あらまあ"等。

第五章　助词

　　助词（助詞）是指连接在体言和用言等独立词的后面，确定词与词之间的关系或增添某种意义，没有活用的附属词。

　　助词与助动词的相似之处是两者都属于附属词，使用时都必须接在独立词的后面；助词与助动词的不同之处在于助词没有活用，而助动词有活用。

　　根据助词的功能、接续法和后续词的不同，一般将其分为以下六类：格助词（格助詞）、提示助词（提示助詞）、接续助词（接続助詞）、副助词（副助詞）、并列组词（並立助詞）、语气助词（語気助詞）。接下来将对这六类助词进行介绍。

第一节　格助词

　　格助词主要是接在体言或者相当于体言的词语之后，表明这个文节在句子中属于什么成分，及其与其他成分之间的关系，共有10个。这些格助词按其所表示的格可以分为主格助词、宾格助词、连体格助词、补格助词。具体分类如下：

　　主格助词：が、の

　　宾格助词：を

　　连体格助词：の

　　补格助词：に、へ、と、で、から、より、まで

　　接下来分别介绍这些格助词的基本用法。

一、が

接在体言或体言性质的词语之后，表明体言的主格地位，在句中做主语。

1.动作变化状态的主体

○彼が本を読む。

○雨が降る。

○財布が落ちる。

○目が赤い。

2.状态谓语的对象

○水がほしい。

○本が読みたい。

二、の

做主格助词时，接在体言或体言性质的词语后面做从句中的主语或表示对象；做连体格助词时，接在体言或体言性质的词语后面做连体修饰，所接的两个词是修饰与被修饰的关系。

1.从句主语

○川の流れ。

○政治家の汚職。

2.动作的对象

○子どもの教育。

○患者の治療。

3.所有者

○李さんの本。

○私の時計。

4.材料、属性

○ウールの服。

○赤の信号。

5.内容、领域

○料理の本。

○日本語の先生。

6.时间

○6時の列車。

○午前の授業。

7.数量

○50キロの重さ。

○100万の人口。

8.种类

○バラの花。

○英語の雑誌。

9.场所

○ハルピンの冬。

○四川の出身。

10.状态

○病気の人。

○完成の仕事。

11.同位语

○友達の金さん。

○看護婦の妻。

三、を

接在体言或体言性词语的后面。

1.动作作用的宾语

○本を読む。

○財布を落とす。

2.移动的路径，经过的场所

○坂道を下る。

○階段を上る。

〇家の前を通り過ぎる。

〇空を飛ぶ。

3.经过的期间

〇楽しい時間を過ごした。

4.起点，离开的场所

〇車を降りる。

〇部屋を出る。

四、に

接在体言或体言性词语的后面。

1.存在的场所

〇駅の前に大学がある。

〇この大学は駅の前にある。

〇私はこのホテルに泊まっている。

〇この計画には問題がいくつかある。

〇失敗の原因が資金不足にある。

2.所有者

〇私には子供が3人ある。

〇我々には金も暇もない。

3.动作发生的时间，先后顺序

〇3時に会議がある。

〇3年前に彼から金を借りた。

〇山田が最後に着いた。

4.动作主体

〇私にはそれはできない。

〇彼にこれをやらせよう。

〇先生に叱られる。

5.着落点，归着点

〇目的に着く。

〇壁にカレンダーを貼る。

6.变化的结果

〇信号が赤に変わる。

〇学者になる。

〇息子を医者にする。

7.接受的对象，受益者

〇子供にお菓子をやる。

〇恋人に指輪を買う。

8.动作的对象

〇恋人に会う。

〇田中さんに聞く。

〇父親に金をもらう。

〇親に逆らう。

〇提案に賛成する。

〇試験の結果に失望する。

〇人間関係に悩む。

9.比较、比例、分配的基准

〇三人に一人の競争率。

〇週に三回スーパーへ行く。

〇去年に比べる。

〇一人に二2つずつリンゴをあげる。

五、へ

接在体言或体言性词语的后面。

1.方向，目的地

〇大阪へ発つ。

〇京都へ向かう。

〇故郷へ帰る。

〇部屋へ入る。

2.动作作用的对象

○友達へ手紙を書く。

○先生へ電話をするつもりだ。

○母へプレゼントをあげる。

＊「に」和「へ」的区别

①「に」强调的是最终的结果；「へ」表示归着点或对象，仍然带有方向性，意味着动作的全过程。如下例：

○虎は山のほう（×に　　○へ）走っていた。

○北京（○に　　×へ）着いた。

○家（○に　　○へ）帰る。

②当表示动作作用的对象时，「へ」可以与格助词「の」重叠使用，但「に」不可以。如下例：

○昨日、父へのプレゼントを買った。

○これは先生への手紙です。

六、と

接在体言或体言性词语的后面。

1.共同做事的人

○友達と会う。

○花子と結婚する。

○次郎とけんかする。

○太郎と一緒に買い物に行く。

2.比较的对象，相关的对象

○以前と違う。

○大学卒業と同等の学力。

3.变化的结果

○雪が雨となる。

○長い努力が無駄となった。

○将来科学者となるつもりだ。

4.称谓、思考或叙述的内容

○田中　博司と申します。

○木村さんは「行かない」と言った。

○日本語は難しいと思う。

5.动作、作用的方式、状态

○五時間と寝なかった。

○パターンとドアを閉めて出ていた。

○ペラペラと暗唱した。

＊「に」和「と」的区别

①表示动作的对象时，「に」表示动作是由主体单方采取的行动；「と」表示动作是由双方共同采取的行动。如下例：

○両親（○に　○と）相談する。

○私は週に二回母（○に　○と）電話をする。

○王さん（×に　○と）結婚した。

○弟は小鳥（○に　×と）餌をやった。

②表示事物变化的结果时，「に」表示单纯的叙述事实；「と」含有强调变化的结果的语气。如下例：

○彩は大学を卒業して会社員になった。

○彼は二十年の副院長に勤めた後、ついに院長となった。

③「と」可以以「との」的形式修饰体言，而「に」不可以，如果需要修饰体言，只能使用「への」。如下例：

○友達との約束を忘れていた。

○それは妻へのプレゼントです。

七、で

接在体言或体言性词语的后面。

1.动作发生的场所

○その会議はアメリカで開かれる。

○太郎は近くの工場で働いている。

○彼の提案は3つの点で間違っている。

○彼の計画ではこの問題は扱われていない。

2.手段、工具

○自転車で通学する。

○歯で噛み切る。

○石鹸で洗う。

3.原因

○病気で学校を休む。

○寒さで震える。

4.材料

○紙で飛行機を作る。

○試験の結果で判断する。

5.范围，限度

○30人で締め切る。

○李さんはクラスで一番高い。

○3時間で読み終わる。

6.样态

○裸足で歩く。

○大声で叫ぶ。

○一人で暮らす。

○自分でやる。

7. 基准、依据

○王さんは自分の実力では東大に合格した。

○4長ネギは四本で百円だ。

○時速100キロで走る。

8. 行为的主体

○学校ではそんなことを教えないはずだ。

○冬になると、農家では野菜を囲っておく。

○事故の原因は警察で調べる。

　　＊「で」和「に」的区别

　　（1）表示场所时，用「で」代表是动作、作用的场所，后续动词多为表示动作的动词；用「に」表示人或事物存在或到达的场所，后续动词多为表示存在、状态的动词。

　　○王さんはいつも教室で勉強する。

　　○あの方は今、文学界で活躍している。

　　○子供たちは運動場で遊んでいる。

　　○兄は今、上海に住んでいる。

　　○学生は教室に入る。

　　○北京に行く。

　　（2）表示时间时，用「で」表示动作完成所需的时间、期限；用「に」表示动作、作用进行的时间点。

　　○一日で読み終わった。

　　○来月で、二十年になる。

　　○この件は五日でできる。

　　○この件は五日にできる。

　　○朝、6時に起きます。

　　○冬休みに旅行をした。

八、から

接在体言或体言性词语的后面。

1.时间的起点

○授業は明日から始まる。

○子供の時から彼を知っている。

○この店は朝10時から夜11時まで開いている。

2.场所的起点

○太陽は東から昇って、西に沈む。

○岸から離れる。

3.动作主体

○その件は私から彼に伝える。

○上司から挨拶する。

4.经由点

○ドアが閉まっていたので、窓から入った。

○朝日が窓からさしてくる。

○火事の時、非常口から出てください。

5.根据

○風から肺炎を引き起こす。

○不注意から事故を起こす。

○別の観点から考える。

○雲の具合から判断すると明日は雨だ。

6.原料

○酒は米から作られる。

○豆腐は大豆から作られる。

○水は水素と酸素からできている。

＊表示移动起点的「から」和「を」的区别

（1）当后续动词是表示具体意义的词时，两者都可以使用。当后续动词是表示抽象意义的词时，一般只用「を」。

○私は大学（○から　○を）出て買い物に行った。

○兄は大学（×から　○を）出て、すぐに公務員になった。

（2）当强调经由点或在句子中表示终点等时，一般只能用「から」。

○春になると、渡り鳥が南（○から　×を）北へ飛んでいく。

○北京（○から　×を）高速鉄道で上海に来た。

> **＊表示材料的「から」和「で」的区别**
>
> 「から」含有出处、起点的意思；「で」强调方法、手段。所以简言之，「から」表示看不出原材料；当某些原料经过加工制成成品之后，还能看出原材料的本来面目时使用「で」。
>
> ○日本の家は木で作る。
>
> ○毛糸でセーターを編む。

九、より

接在体言、体言性词语或某些用言、助动词的后面。

1.比较、选择的对象

○彼は私より金持ちだ。

○車で行くよりも地下鉄で行ったほうが早い。

○難しいと言うより、不可能に近い。

2.场所、时间的起点

○これより先は行き止まり。

○3時より会議を始めます。

3.限定

○死ぬより他に方法がない。

○待つより仕方がない。

十、まで

接在体言、体言性词语或某些用言、助动词的后面。

1.动作事件结束的场所

○大阪まで飛行機で行った。

○彼のいるところまで歩いて行った。

○係りまで申し出る。

2.动作事件结束的时间

○3時まで会議がある。

○仕事が終わるまで待っていてください。

3.以「～から～まで」的形式表示范围

○3時から6時まで寝ました。

○ここから東京駅まで車で何時間ぐらいかかりますか。

第二节　提示助词

提示助词主要接在体言或用言、助动词等活用词的后面起提示、强调的作用。常用的提示助词有：は、も、こそ、しか、さえ、すら、でも、だって。

一、は

1.提示主语、宾语等。

○息子が大学に合格したので、母親はとても満足だった。

○昼ごはんは、もう食べましたか。

○子供たちにはこのような高価な服を買っても無駄だよ。すぐ汚れちゃうから。

○そんなところ、1回2回はいいけど、あまり行くとつまらなくなるよ。

2.表示对比或比较。

○兄は内向的な性格だが、弟は社交的だ。

○北京には行ったことがありますが、上海には行ったことはありません。

3.接在否定形后面，增强否定的语气。

○やめろとまでは言わないが、よく考えてからやって欲しい。

○留学中の娘が病気だと聞いたら、母親にすれば心配せずにはいられないだろう。

*** 提示助词「は」和格助词「が」的区别**

由于提示助词「は」可以代替格助词「が」起提示主语的作用，因此两者在使用上有时难以区别。它们之间的区别归纳起来有以下几点：

①疑问句中，疑问词在述语部分的时候，主语用「は」表示。答句中的主语也用「は」表示。

○あの人は誰ですか。

　—あの人は山田先生です。

○お誕生日はいつですか。

　—誕生日は 4 月 14 日です。

○それは何の本ですか。

　—これは日本語の本です。

②疑问句中，疑问词在主语部分的时候，主语用「が」表示。答句中的主语也用「が」表示。

○どの人が山田さんですか。

　—あの人が山田さんです。

○どちらが北京行きの電車ですか。

　—こちらが北京行きの電車です。

③主语是「どちら」「どれ」「だれ」「どこ」「いつ」等表示比较的疑问词时，主语用「が」表示。答句中的主语也用「が」表示。

○王さんと李さんでは、どちらの方が若いですか。

　—李さんの方が若いです。

○日本語と英語と中国語のなかで、どれが一番面白いですか。

　—日本語が一番面白いです。

④「～より～の方～」的句型中，主语用「が」表示。答句中的主语也用「が」表示。

○タクシーよりバスの方が早いですか。

　—はい、バスの方が早いです。

○李さんより王さんの方が背が高いですか。

　　—いいえ、李さんの方が背が高いです。

⑤主语是不明确的人或事物的时候，用「が」表示。

○知らない人が私に話しかけてきた。

○たくさんの人が七夕祭りを見に仙台にやってくる。

○新しい留学生が二人入ってきた。

⑥主语是前句中出现过的人或事物，此时的主语用「は」表示。

○日本で一番高い山は富士山です。富士山は静岡県と山梨県の間にあり
　ます。

○山本さんは今日休みですか。ええ、彼は休みです。

⑦主语跟前句中出现过的人或事物有关系，此时的主语用「は」表示。

○これは去年山た新しい辞書です。収録語数は約10万語です。値段は
　100元です。

○私には子供が二人います。上の子は女の子で、下の子は男の子です。

⑧述语部分中出现，跟前句出现的某个部分有关系，此时的主语用「が」
表示。

○学割が欲しいんですが。

　　—これが申込書です。記入してください。

○いい時計を持っていますね。

　　—ええ。父が入学祝に買ってくれたんです。

⑨表示一种惯常的习惯或规律，主语用「は」表示。

○地球は太陽の周りを回っています。

○北京行きの電車は午後8時に大連を出て、午前5時に北京に着きます。

○私の父は毎日9時寝て、五時に起きます。

⑩使用「思っている」「考えている」「つもりだ」「愛している」「憎
んでいる」「感じている」「気にしている」「驚いた」「びっくりした」等
形式，阐述心中所想，主语用「は」表示。

○佐藤さんは都会より田舎の方が暮らしやすいと考えている。

○木村さんは就職しないで大学院の試験を受けるつもりらしい。

⑪表示自然现象的时候，主语用「が」表示。

○雨が降ってきた。

○天気がいいですね。

⑫对某个名词Ｎ１进行叙述的时候，如果又出现了另外一个以名词Ｎ２为主语的句子，那么Ｎ１用「は」，Ｎ２用「が」表示。

○象は鼻が長い。

○加藤さんはスキーが上手だ。

○私は外国の小説を読むのが好きだ。

○このバスは窓が大きいですね。

○私は日本語が専門です。

○私は学会で研究発表をしたことが二三回ある。

○私はうちに帰ってから、財布を落としたのに気が付いた。

⑬像上面⑫的句子，如果是两个并列在一起（带对比等含义），Ｎ２则用「は」表示。

○象は鼻は長いが、目は小さい。

○佐藤さんはスキーは上手だが、スケートは下手だ。

○私は外国の小説を読むのは好きだが、外国の歌を歌うのは苦手だ。

⑭像上面⑫的句子，后面接上「けど」或「が」等表示转折的接续助词的时候，Ｎ２则用「は」表示。

○この機械は使い方は簡単ですが、よく故障します。

○私は日本語は専門だが、上手とは言えません。

⑮复句中，主句中的主语用「は」，从句中的主语用「が」表示。

○隣に大きなマンションが建ってから、ウチは日当たりが悪くなった。

○私は大島先生から電話がかかってきたとき、まだ寝ていた。

○電車が遅れたために、私は大事な会議に遅刻してしまった。

○あれは先生がおっしゃったとおり、すばらしい論文ですね。

○昨日の夜中に大きな地震があったそうですが、私はまったく気が付きませんでした。

二、も

接在体言、体言性词语、用言及部分助动词的连用形、部分副词、助词后面。在句中可提示主语、宾语、补语、状语。

1.提示主题。带有说话人的某种主观语气。

○さっきまであんなに泣いていた赤ん坊もようやく寝ました。

○長かった夏休みも終わって、明日からまた学校が始まります。

2.表示"也"。

○私のアパートは日当たりが悪い。その上、風通しも良くない。

○今日は風が強いし、雨も降り出しそうだ。

3.表示全部否定。

○この辞書はどれも役立たない。

○この料理は少しもおいしくない。

○彼女はみんなとも仲良くしている。

○ここには学生は１人もいない。

4.表示列举极端的例子。

○日本語を始めて1年になりますが、まだ平仮名も書けません。

○人類は月までも行けることになった。

5.接在数量词后面，表示极言其多或极言其少。

○10万円もするケーキなんて、どんなものなのだろう。

○私はアメリカへは一回も行ったことはない。

三、こそ

接在体言、体言性词语、副词、部分助词以及用言、助动词的连用形后面。作用基本上与「は」相同，但它的提示作用比「は」更强烈。

1.强调主题。

○こちらこそよろしくお願いいたします。

○先生こそお体に気をつけてください。

2.以「～ばこそ」「～からこそ」「～てこそ」这种形式，表示强调条件或

原因。

　　○お客様があればこそ、店が成り立つものだ。

　　○あなたのことを思うからこそ、叱るのよ。

　　○自分が親になってこそ、自分の親の有難さが分かってくる。

　　3.与表示转折关系的接续助词「が」「けど」连用，强调转折之意。

　　○彼は学校の成績こそ悪いが、素直でいい子だ。

　　○口にこそ出さなかったけど、実は彼女のやり方には賛成できない。

四、しか

　　接在体言、体言性词语、动词的连体形、部分副助词、助词的后面。可提示主语、宾语、补语、状语。

　　1.以「～しか～ない」的形式，表示"仅仅，只"的意思。

　　○朝は牛乳一杯しか飲みませんでした。

　　○今日の授業には2人しか来ていなかった。

　　2.以「～しかない」的形式，接在动词终止形后面，表示"只好，只能"。

　　○誰もやりたくないのなら、僕がやるしかない。

　　○終電もなくなったから、歩いて帰るしかない。

　　3.以「～でしかない」的形式，接在名词后面，表示"只是"。

　　○彼は学長にまでなったが、親の目から見るといつまでも子供でしかないようだ。

　　○どんなに社会的な地位のある人でも死ぬときは、一人の人間でしかない。

五、さえ

　　接在体言、体言性词语、用言和助动词连用形、部分助词的后面。可提示主语、宾语、补语、状语。

　　1.类推或添加。提示极端的例子。表示"就连"。

　　○その小説はあまりにも面白くて、食事の時間さえもったいないと思うほどだった。

〇腰が痛くて、じっと寝ているのさえ辛い。

〇あのごろは授業料どころか、家賃さえ払えなかった。

2.以「～さえ～ば」的形式，表示"只要……就……"。

〇旦那はタバコさえ吸わなければ、いい夫だ。

〇あなたさえ良ければ、私はこれで結構です。

六、すら

接在体言及部分助词后面。在句中可提示主语、宾语、补语。提示极端的例子。表示"就连"。

〇そんなことは子供ですら分かるよ。

〇仕事をやめることは妻にすら教えなかった。

〇この人気歌手は日本はもちろん、海外ですら有名らしい。

需要注意的是「すら」是文体助词，书面语感较强，在口语中多用「さえ」。

七、でも

接在体言、体言性词语、用言及部分助动词的连用形、部分副词、助词的后面。在句中可提示主语、宾语、补语、状语。

1.提示极端的例子。表示"就连"。

〇このデジタルカメラは操作が簡単で、子供でも気軽に使える。

〇嘘でもいいので、好きって言ってくれないか。

2.表示同类事物的列举，言外之意还有其他。

〇お茶でも飲みに行きませんか。

〇雑誌でも読んで待っててていただけますか。

3.接在疑问词的后面，表示"无论"。

〇このワンちゃんはおなかが空いたとき、何でも食べる。

〇そんな仕事は誰でもやりたくない。

八、だって

接在体言、体言性词语、部分副词、助词的后面。在句中可提示主语、宾语、补语、状语。

1.提示极端的例子。表示"就连"，是「でも」的口语体。

〇このデジタルカメラは操作が簡単で、子供だって気軽に使える。

〇嘘だっていいので、すきって言ってくれないか。

2.表示列举。

〇好き嫌いはありません。野菜だってお肉だって何だって食べられる。

〇夏休みにどっかへ遊びに行きたい。山だって海だってどこだっていいから。

3.接在疑问词的后面，表示"无论"，是「でも」的口语体。

〇このワンちゃんはおなかが空いたとき、何だって食べる。

〇そんな仕事は誰だってやりたくない。

第三节　接续助词

接续助词主要接在用言、助动词等活用词后面，起承上启下的作用，表示并列、选择、因果、假设等逻辑关系。从功能上看，接续助词和接续词是相同的，但接续助词是附属词，而接续词是独立词。常见接续助词有：が、けれども、のに、ながら、ても（でも）、たって（だって）、とも、ては（では）、と、ば、たら、なら、から、ので、し、て（で）、つつ。

一、が

接在用言和助动词的终止形后面。

1.表示转折。

〇図書館に行きましたが、閉館でした。

〇兄は内向的な性格だが、弟は社交的だ。

2.表示顺接。

○昨日デパートへ行きましたが、いろいろ買い物をしました。

○初めて彼女に会いましたが、しっかりした人だと思いました。

3.表示铺垫。

○すみませんが、そのシャツを見せてもらってもいいですか。

○申し訳ございませんが、もう少しお待ちになっていただけないでしょうか。

4.放在句末，省略了不言自明的下文，使语气委婉。

○あのう、仙台駅へ行きたいんですが…

○ちょっとその本をお借りしたいんですが…

二、けれども

接在用言或助动词的终止形后面。

1.表示转折，对比。

○もう約束をしたのですが、結局彼は来ませんでした。

○私は本を読むのが好きだけど、彼は犬を飼うのが好きです。

2.表示顺接。

○あなたのことが好きだけど、付き合ってもらっていいか。

○昨日先生に呼ばれていきましたが、たくさんの本を貸してくれました。

3.表示铺垫。

○失礼ですけど、この単語の意味を教えてもらってもいいですか。

○申し訳ないんですけれども、駅へ行くにはどう行けばいいでしょうか。

4.放在句末，表示委婉语气。

○明日休ませていただきたいんですけれども…

○ただいま山田は席をはずしておりますけれども…

　　「が」与「けれども」的语法意义基本相同。「が」语气郑重一些，可用于书面语；「けれども」比较随便一些，多用于口语。「けれども」口语中还常用「けど」「けれど」「けども」的形式。

三、のに

接在用言或助动词连体形或终止形后，表示转折关系。

1.与预料的情况相反，感到意外或怀疑。

○母はすぐ帰るだろうと思っていたのに、一時間待っても帰らなかった。

○彼にはやってほしかったのにやってこれなかった。

2.与通常的情况相反，感到意外或怀疑。

○三月になったのに、少しも春らしくならない。

○あの子は体が小さいのに、なかなか力がある。

3.对比，感到奇怪、反常。

○昨日はいい天気だったのに、今日は大雨だ。

○お兄さんはよく勉強するのに、弟は授業よくサボる。

4.表示带有讽刺、不满、责备等语气的转折。

○約束したのに、何で来ないの？

○あんなに注意したのに、また同じミスを犯すなんて、信じられない。

5.用于句尾。表示因为结果与预想的不同而感到遗憾的心情。

○これほど勉強したのに。

○この部屋はもう少し広ければいいのに。

四、ながら

接在动词和动词型助动词的连用形或形容动词词干、部分名词后。

1.表示几个动作同时进行。意为"一边……一边……"。

○音楽を読みながら本を読んでいます。

○友達と食事をしながらおしゃべりをしています。

2.表示转折。

○タバコが体に悪いと知りながら、なかなかやめられません。

○男女平等だと公の場で叫びながら、自宅では何の家事もやらなくて奥さんに任せっぱなしだ。

五、ても（でも）

「ても」接在动词、动词型活用助动词、形容词、形容词型活用助动词的连用形后面；「でも」接在名词、形容动词词干、形容动词型活用助动词词干后面。

1.表示"即使"。

○雨が降っても、試合が予定通りに行われるそうです。

○あなたが行かなくても、僕は行く。

2.以「～ても～ても」的形式，表示"无论"。

○雨が降っても風邪が吹いても、朝のジョギングだけは続けています。

○友達に馬鹿にされても親からの理解を得なくても、自分の正しいを思う
　道を歩んでいく。

3.与疑问词一起使用，表示"无论"的意思。

○誰でもやりたくなければ、僕がやるしかない。

○どこへ行っても、理解してもらえる人はいない。

六、たって（だって）

与「ても」同义，是「ても」的口语形式。「たって」接在动词、动词型活
用助动词、形容词、形容词型活用助动词的连用形后面；「だって」接在名词、
形容动词词干、形容动词型活用助动词词干后面。

1.表示"即使"。

○雨が降ったって、試合が予定通りに行われるそうです。

○あなたが行かなくたって、僕は行く。

2.以「～ても～ても」的形式，表示"无论"。

○雨が降ったって風邪が吹いたって、朝のジョギングだけは続けていま
　す。

○友達に馬鹿にされたって親からの理解を得なくたって、自分の正しいを
　思う道を歩んでいく。

3.与疑问词一起使用，表示"无论"的意思。

○誰だってやりたくなければ、僕がやるしかない。

○どこへ行ったって、理解してもらえる人はいない。

七、とも

与「ても」同意，是「ても」的书面语。接在形容词或形容词型活用助动词的连用形及助动词「まい」「よう」「う」的终止形后面。表示让步意义的逆态接续。

1.表示"即使"。

○いかに困るとも、我慢すべきだ。

○そんなことは言わずとも分かるよ。

2.以「～ても～ても」的形式，表示"无论"。

○その試合は、先生であろうとも学生であろうとも参加した。

○雨が降ろうとも、風が吹こうとも、試合は予定通りに行われます。

八、ては（では）

接在名词或动词、助动词连用形的后面。

1.表示假设，后项多为消极的结果。

○そんなことを言っては、きっと部長に怒られるよ。

○ゲームばかり遊んでいては、大学に受かるべしもないよ。

2.以「～ては～ては」的形式，表示动作的反复进行。

○書いては消し、消しては書いて、結局何も書けませんでした。

○行っては来、来ては行って、うろうろしてどうすればいいか分かりません。

九、と

接在用言或助动词的终止形后面。

1.表示顺接的假设条件。

○このボタンを押すと、チケットが出ます。

○あまり食べると、おなかを壊すよ。

2.表示恒常条件。

〇冬になると、雪が降る。

〇朝になると、日が昇る。

3.表示偶然发现。

〇ふと見ると誰もいなかった。

〇何気なく町を歩いていると、昔の友達に出会った。

十、ば

接在用言或助动词的假定形后面。

1.表示假定条件。

〇明日雨が降れば、やめます。

〇李君も来れば、10人になります。

2.表示恒常条件。

〇春が来れば、花が咲く。

〇人を笑えば、人に笑われる。

3.以「～も～ば～も」的形式，表示"既……又……"。

〇授業がつまらない先生もいれば、授業中居眠りをする学生もいる。

〇動物園にはパンダもいれば、キリンもいる。

十一、たら

接在动词、形容词、名词、形容动词的过去形式后面。

1.表示假定条件。

〇このお皿を壊したら、きっとお父さんに怒られるよ。

〇あの時もし仙台にいたら、大変なことになったよ。

2.表示偶然发现。

〇外を見るともなしに見ていたら、昔の友達が歩いていた。

〇テレビを見るともなしにつけていたら、知り合いの人が出てきた。

十二、なら

接在体言、动词、形容词连体形、形容动词词干和形式体言「の」(口语中

常用「ん」)后面。

1.表示假定条件。

○あなたが行くなら、私も行く。

○乗るなら飲むな。

2.后项表示建议。

○日本語を習うなら大連大学に行った方がいい。

○北海道に行くなら秋がいい。

3.提示主题。

○トウ君なら大丈夫だよ。

○君ならきっと乗り越える。

---

*「と」「ば」「たら」「なら」的用法总结与辨析

总结：

「と」：后半句陈述事实，不能接意志形、命令形、使役形等。

「ば」：假设的事物成为事实的可能性大，不可以做无边想象的假设。

「たら」：强调动作的先后顺序，这点与「ば」不同（飲んだら乗るな；乗るなら飲むな）。可以做虚拟不真实的假设，也有劝慰的用法。

「なら」：一般的假设"要是……"，或用来提出话题。后面可以接带有劝慰、意见、命令等人为意愿的句子。

辨析：

①「ば」「たら」「なら」的后项都可以是说话人的意志和主张，只有「と」不可以。

②「ば」「たら」「と」都可以表示恒常条件（「たら」有所不同），只有「なら」不可以。

③「たら」「と」可以表示两个事项继起或并存的契机，表示意外发现之意。「ば」「なら」不可以。

④「と」可以表示一个主体相继紧接着进行的两项动作，「ば」「たら」「なら」都不可以。

⑤「なら」可以接前面的话题，用于提示主题。「ば」「たら」「と」都没有这种意义。

十三、から

接在用言或助动词的终止形后面，表示主观原因。

○よく知らないから聞いてみようと思います。

○また遅刻したら、先生に怒られるから、気をつけな。

十四、ので

接在用言或助动词连体形后面，表示客观原因。

○途中で事故にあったので、遅刻しました。申し訳ございません。

○明日から出張しますので、二日間留守をさせていただきます。

＊「から」「ので」的用法总结与辨析

「から」和「ので」都示原因、理由。「から」接在用言、助动词的终止形后面，而「ので」接在用言、助动词的连体形后。两者的主要区别举例说明如下：

「から」主要表示主观认为的原因、理由，前后项可以是未明确的事实，后项多为说话人的意志、主张、推测、想象、劝诱、请求、命令、质问等，一般很少用过去时结句。「から」强调的是前项的原因、理由。

①昨日、雨が降ったから道が悪いだろう。（推測）

②熱いから、窓を開けてください。（命令）

③雨が降りそうだから、傘を持って行きましょう。（劝诱）

④何か面白いことがあるだろうから、行ってみようじゃないか。（質問）

而「ので」主要表示客观的因果关系，即因客观原因产生的必然结果，其前后项多为已明确的事实，后项多用过去时结句，不能用表示主观意图的命令、推测、劝诱等句子结句。「ので」强调的是后项的结果。

⑤風が吹いてきたので、木が倒れた。

⑥今日は日曜日なので、周さんは遅くまで寝た。

⑦疲れていたので、朝、目を覚ますともう10時ごろだった。

⑧大きく書いてあるので、どこからでも見える。

以上的各个例句中的「から」和「ので」都不能互换。但当前项是已出现的客观情况，而后项没有表示命令、劝诱、质问等词语结句的时候，两者可以互换。下面例⑨中的「から」和「ので」可以互换，但语感有所不同。「から」强调的是"因"即「あまり高い」，「ので」强调的是"果"即「買わなかった」。

⑨あまり高いから（ので）買わなかった。

另外，在敬语体句子里，虽然所表示的是说话人的主观愿望或要求，但为了缓和语气，不使用「から」，而使用「ので」来将主观上的原因推向客观。

⑩風が吹いてきますので、窓を閉めていただけないでしょうか。

要点：

「から」：接在终止形后面，强调主观原因，重点在前项的"因"，后项可以为意志、命令、推测等主观表达。

「ので」：接在连体形后面，强调客观原因，重点在后项的"果"，多用过去时结句。

十五、し

接在用言或助动词的终止形后面，表示复数原因的列举。

○今日は会社に行く途中で事故に会ったし、お昼食堂でシャツを汚したし、ついてない一日だった。

○もう子供ではあるまいし、いい加減にしなさい。

十六、て

接在动词、形容词及动词型活用助动词、形容词型活用助动词连用形后面。

1.表示列举几个动作或状态。

○この部屋は広くて明るいです。

○春になると、花も咲いて、鳥も鳴いて、生き生きとした毎日が楽しみだ。

2.表示动作的先后顺序。

○朝起きて、顔を洗って、ご飯を食べて、学校に行った。

○卒業したら、まず沖縄へ旅行に行って、帰ったら仕事を探したいと思います。

十七、つつ

接在动词、助动词连用形后。

1.两个动作同时进行。

○いろいろな体験を楽しみつつ、日本の生活に慣れていった。

○妻は航海の無事を祈りつつ夫の船出を見送った。

2.逆态接续

○冬休みの間、勉強をしなければならないと思いつつ、毎日遊んで過ごしてしまった。

○親というものは厳しく子どもを叱りつつ、心の中では愛らしくてたまらないものだ。

3.以「つつある」的形式，表示动作、行为正在逐渐进行中。

○地球は温暖化しつつある。

○人口は年々減りつつある。

第四节　副助词

副助词是接在体言、体言性词语以及部分副词、用言、助动词后面，增添某种意义的助词。常见辅助词有：だけ、のみ、きり、ばかり、くらい（ぐらい）、ほど、まで、ずつ、など（なんか）、なんて。

一、だけ

接在体言、体言性词语、用言及助动词连体形、部分副词后面。

1.范围和数量的限定

○みんな出かけたが、彼女だけ家にいた。

○後三ヶ月だけで卒業する。

2.程度

○私の財布にお茶を飲むだけのお金も入っていなかった。

○欲しいだけ持っていってください。

3.以「～ば～だけ」的形式，表示"越……越……"。

○日本語は練習すればするだけ上手になる。

○物価が上がれば上がるだけ国民の不満が募ってゆく。

4.原因

○まさか優勝するとは思わなかっただけに、一層嬉しく感じた。

○一生懸命頑張っただけのことはあって、1級の試験で高い点数を取ったわけだ。

二、のみ

接在体言、体言性词语、用言及助动词连体形后面。

1.限定范围，比「だけ」生硬一些。

○彼は仕事にのみ熱中している。

○成功するためには、ひたすら努力するのみです。

2.以「のみならず／のみでなく／のみか」的形式，作为「だけではなく」的书面语使用。

○そのドラマは、若い人のみならず、年配や子供たちにも人気がある。

○東京は日本の経済の中心地であるのみでなく、政治の中心地でもある。

三、きり

接在体言、体言性词语、用言及助动词连体形后面。

1.范围的限定，与「だけ」「のみ」的用法类似，前面一般接数量词。

○二人きりで話し合いましょう。

○今残ってるお金はこれっきりだよ。

2.以「～たきり」的形式，表示前项动作做完之后，一直保持后项的动作状态。

○子供が朝出かけたきり、夜の9時になっても戻ってこない。

○おばさんが脳梗塞で寝たきりになっている。

3.以「～きり～ない」的形式，与「～しか～ない」的用法类似。

○日本へはまだ一度きり行ったことはない。

○亡くなった父の写真は一枚きり残っていません。

4.接在动词「ます」形后面，限定动作行为。表示专心于此动作，口语中会出现「っきり」的形式。

○彼女は4人の子供の世話にかかりきりで、自分の時間もない。

○熱を出した子供をつきっきりで看病した。

四、ばかり

接在体言、体言性词语、用言及助动词连体形或连用形、部分助词、副词后面。

1.接在数量词后面，表示大体的数量。

○新築のために一千万円ばかりの借金を抱えている。

○昨日の会場に10人ばかりの人しか来ていませんでした。

2.限定范围。

○うちの子は学校から帰ったらテレビばかりを見ている。

○このように勉強ばかりしていると、世の中はどう変わっているかも知らない人間になってしまうよ。

3.以「動詞て＋ばかり＋いる」的形式，表示热心专注于此事。

○うちの子は毎日漫画を読んでばかりいて、勉強もしない。

○隣の子は放課後公園を遊んでばかりいる。

4.接在表示变化的动词的后面，表示"一个劲儿""一直"。

○物価が上がっているばかりで、みんなの生計も厳しくなる。

○祖母の体の状況は悪くなっていくばかりで、もう残る日はわずかしか残っていないと医者に言われた。

5.接在动词「た」形后面，表示此动作刚刚做完。

○私も来たばかりです。

○昨日買ったばかりのかばんをなくしてしまった。

6.接在动词后面，表示就剩下此动作了。

○用意はできた。もう出かけるばかりだ。

○料理もできたし、ビールも冷えている。後はお客の到着を待つばかりだ。

7.以「動詞の未然形＋んばかり」的形式，表示差点儿就要做了此动作。

○子供が母親の顔を見ると泣き出さんばかりに母親の元へ走っていった。

○校長先生の挨拶が終わったら、会場は割れんばかりの拍手が沸き起こって
きた。

○出て行けと言わんばかりに、彼はドアを開けた。

8.用比喻的方式表示程度。

○頂上からの景色は輝くばかりの美しさだった。

○用意された品々は目を見張るばかりのすばらしさである。

9.以「ばかりに」的形式表示原因，后项多为消极的结果。

○できると言ったばかりに、パソコンの修理を頼まれた。

○日にちを聞いたばかりに、会場の準備を頼まれた。

五、くらい（ぐらい）

接在体言、体言性词语、用言及助动词连体形、指示连体形后面。

1.表示大概的数量。

○ここから北京まで10時間ぐらいかかります。

○このペン30万ぐらいするなんて信じられない。

2.表示比较的基准。

○あなたぐらい文章を書くのが上手なら、小説家になれるよ。

○明日も今日ぐらい暖かいといいですね。

3.表示程度。

○疲れ果てて、立っていられないぐらいです。

○涙が出るぐらい感動した。

4.以「～くらい～ない」的形式，表示"没有比……更……的了"。

○今年ぐらい寒い年は無いだろう。

○日本では富士山ぐらい高い山はもう無いだろう。

5.表示很低的程度。

○自分の食べ物ぐらい自分で作りなさい。

○それぐらい分かるよ。

六、ほど

接在体言、体言性词语、用言及部分助动词连体形后面。

1.表示大概的数量。

○風邪を引いて10日ほど休みました。

○結婚式には100人ほど招待しようと思っています。

2.表示程度。

○学生時代はよく山へ行ったが、最近はほとんど行けないほど忙しい。

○彼のことが恋しくて、眠れない日が何日も続いているほどだ。

3.以「～ほどではない」的形式，表示"没有达到……的程度"。

○愛してるというほどではないが、好きです。

○彼は確かにやさしいが、みんなが言っているほどでもない。

4.以「～ほど～ない」或「～ほど～はない」的形式，表示"没有比……更……的了"。

○兄は姉ほど私に優しくない。

○日本の人口は中国ほど多くない。

○うちのクラスでは彼ほど面白い人はいない。

○愛ほど大切にすべきものはこの世には無い。

5.以「～ば～ほど」或「～ほど」的形式，表示"越……越……"。

○日本語は勉強すればするほど面白くなる。

○人は付き合えば付き合うほど中身が分かってくる。

○太ってる人ほどよく食べる。

○金持ちほどお金を出すのがグズグズだ。

七、まで

接在体言、体言性词语、用言及部分助动词连体形或连用形、某些副词后

面。

　　1.提示极端的例子。

○あの父親は、子供のお金まで取り上げて酒に溺れている。

○近頃の子供ばかりか、いい年をした大人まで漫画ばかり読んでいて、仕
　事をおろそかにしがちだ。

　　2.用「までもない」的形式表示"不必……"。

○言うまでもないが、日本の首都は東京だ。

○このぐらいの病気で、わざわざ病院へ行くまでもない。

　　3.表示添加，意为"就连……"。

○子供けんかに大人まで出てきた。

○就職の世話をしてくれた上に、アパートまで探してくれてありがとうご
　ざいました。

　　4.表示程度之轻，意为"不过如此"。

○もし失敗したら、もう一回挑戦するまでのことだ。

○いくらお金を持っていても、死んだらそれまでだ／それまでのことだ。

○そんなに怒ることはないと思うよ。本当のことを言ったまでだから。

八、ずつ

接在表示数量、程度的体言和部分副词、助词后面。

　　1.接在数量词后面，表示平均分配的数量。

○一人に三枚ずつ配ります。

○数えてみたら足りないんだ。それで、三人に二部ずつあげることにし
　た。

　　2.以「すこしずつ」「わずかずつ」等惯用型，表示一点一点地均匀发生变
化。

○急がないで、少しずつ頑張ればいいのです。

○わずかずつですが、みんなの上達するぶりを見て、安心した。

九、など（なんか）

接在体言、体言性词语、用言及部分助动词终止形或连用形后面。「など」在口语中通常说成「なんか」「なんぞ」「なぞ」「なんて」等。

1.表示列举。

○食事の後はコーヒーなどはいかがですか。

○その傷って、もしかして石なんかでぶつけられたんですか。

2.表示蔑视或自嘲的语气。

○あなたなんか俺の敵になれるものか。

○私なんかの新人にはそんな仕事こなせるわけがありません。

3.以「～など～ない」的形式，增强否定的语气。

○それほど寒くなどなかったそうです。

○道の遠いなど少しも苦にならない。

十、なんて

接在体言、体言性词语、用言及部分助动词终止形后。表示例示，常伴有疑问、轻蔑、惊讶、感叹、意外等语气。

○一家揃って海外旅行だなんて、うらやましいね。

○こんなところであなたに合うなんて、びっくりした。

○みんなには時間を守れなんて言ったけど、そういった本人が遅刻してしまった。

第五节 并列助词

并列助词主要接在体言或用言、助动词等活用词后面，列举两个或两个以上处于同等地位的词。常用的并列助词有：と、や、たり、とか、やら、だの、か、なり、に等。

一、と

接在体言或体言性词语后面，表示单纯的并列、列举。

〇政治と経済とは、別個に考えられない。

〇地震災害に関しては、わが国は多くの経験と知識を持っている。

〇物価の安定と経済の成長とをどう両立させるか。

二、や

接在体言或体言性词语后，最后一个被列举的对象不需加「や」。有时以「～や～や～など」的形式和副助词「など」一起使用。

〇バスは中学生や高校生で、すくいっぱいになった。

〇机の上には皿や紙コップなどが置いてあった。

三、たり

接在体言和用言、助动词连用形后面，表示动作状态的列举或反复。

〇さっき李君がここで行ったりきたりして、うろうろしてたよ。

〇日曜日に買い物をしたり、部屋を掃除したりして、一日中忙しい。

〇昨日の天気は、雲だったり晴れたりして、おかしかった。

四、とか

接在体言或用言、助动词的终止形后面，表示事物、动作、行为的并列，用来列举事物的一部分。

〇私はケーキとかお菓子とかの甘いものはあまり好きではありません。

〇果物屋にはみかんとか、バナナとか、いろいろな果物があります。

五、やら

接在体言、助词以及活用词的终止形后面。

1.表示疑问或不确定。

〇誰やら陰で君を助けていたらしい。

○本当なのやら嘘なのやらとんと見当がつかない。

2.表示并列。

○あれやらこれやらうるさいことばかりだ。

○泣くやら笑うやら大騒ぎだった。

六、だの

接在体言、体言性词语和用言、助动词终止形、形容动词词干后面。表示列举（多为负面）。

○行くだの行かないだのはっきりしないだね。早くどちらかに決めなさい。

○嫌いだの好きだのって言わないで、何でも食べなければいけない。

七、か

接在体言、体言性词语、动词及形容动词终止形、形容动词词干、部分助动词、助词后面。

1.表示疑问或不确定。

○あの人はどこかで会ったような気がする。

○ごめんください。誰かいますか。

2.接在表示原因的词后面，表示原因的不确定。

○気のせいか、今あっちに人影があったみたいだ。

○寝不足のためか、頭がふらふらする。

○風邪を引いたのか、ちょっと寒気がする。

3.以「～とかいう」或「～とか」的形式，表示一种不确定的语气。

○パーティーへ行くとか言って、派手な格好で出かけた。

○山田さんとかいう人が先ほど来られました。

八、なり

接在体言、体言性词语和用言终止形或助词后面，表示数者择其一。

○酒なりビールなり好きなものを飲んでいい。

○私になり陳さんになり聞いてもらえばすぐわかる。

九、に

接在体言、体言性词语或动词连用形后面。

1.表示添加、搭配。

○トマトにキュウリに玉ねぎをください。

○日本では朝ごはんは、ご飯に味噌汁か、トーストにミルクぐらいですます家が多い。

2.表示重复同一动作。强调动作和作用的程度。

○考えに考えてこの問題を解くことができた。

○一日中歩きに歩いたので、すっかり疲れてしまった。

第六节　语气助词

语气助词主要用于句末，表示感叹、疑问、命令、希望、劝诱等语气。常用的语气助词有：か、かしら、な、ね、よ、ぞ、ぜ、さ、とも、の等。

一、か

接在动词、形容词、助动词终止形、体言、体言性词语、形容动词词干等后面。

1.表示疑问。

○人生って一体何なんでしょうか。

○どうして遅れたんですか。

2.表示反问。

○どうしてあんなに平気にいられるのか。

○そんなことして恥ずかしく思わないのか。

3.表示劝诱。

○何か飲み物でも飲みに行きませんか。

○そろそろ帰りましょうか。

4.表示自问。

○もうこんなに遅いのか。

○そうか、やめようか。

5.表示责备。

○まだ分からないのか。

○いつまでぐずぐずするつまりなのか。

6.表示不确定。

○ごめんください。誰かいませんか。

○明日どこかへ遊びに行こうじゃないか。

二、かしら

接在动词、形容词、助动词终止形、体言、体言性词语、形容动词词干等后面，女性用语。

1.表示疑问。

○この列車はいつごろ東京に着きますかしら。

○どこに置いたかしら。

2.表示怀疑。

○あの人は本当に真面目かしら。

○えっ、本当に来るかしら。

3.表示不确定。

○どこかしら売るところがあるだろう。

○誰かしら知っているだろう。

三、な

接在动词、用言或助动词的终止形后面。

1.表示感叹、感动。

○きれいだな。

○懐かしいな。

2.表示对对方的确认。

○それでいいよな。

○確かに間違いないよな。

3.表示禁止。

○来るな。

○騙されるな。

4.表示命令。

○暗いから、電気をつけな。

○明日は、もっと早く来な。

四、ね

接在体言、体言性词语、用言和助动词终止形后面。

1.表示感叹、感动。

○素敵ね。

○いいお天気だね。

2.表示对对方的确认。

○明日来るよね。じゃ、王君の分も用意しとくからね。

○それでいいよね。じゃ、このまま出すよ。

五、よ

接在体言、体言性词语、用言和部分助动词的终止形、动词命令形、语气助词「わ」「の」等的后面。

1.表示强调说话人的主张。

○あなたが行かなくても、私はいくよ。

○もう寒いよ。もっと厚着をしなくちゃ。

2.表示责备对方。

○どうして僕に教えてくれなかったんだよ。

○一体誰だよ。せっかく片付けたのに、また散らかして。

3.表示对对方的命令、劝诱、请求。

○さあ、遅れないように早く行こうよ。

○お願いだから、こっちへおいでよ。

4.表示呼吁。

○弟よ、早く戻れよ。

○雨よ、どんどん降ってくれ。

六、ぞ

接在用言或助动词终止形后面，男性用语。

1.用于自言自语。

○今回こそ負けないぞ。

○あれ、変だぞ。

2.表示引起对方注意。

○もう遅いぞ。早く起きろ。

○早くしないと、学校に遅れるぞ。

七、ぜ

接在用言或助动词终止形后面，男性用语。

1.表示引起对方注意。

○さあ、行こうぜ。

○一緒にがんばろうぜ。

2.带有轻微轻蔑语气。

○そんなに隠しても、もうみんなが知ってますぜ。

○奥さん、そうはいきませんぜ。

八、わ

接在用言或助动词终止形后面。

1.女性用语，表示说话人的主张。

○私は行かないわ。

〇あの映画、昨日見たわ。

2.女性或男性老年人用语，表示感叹、感动。

〇まあ、きれいだわ。

〇これもなかなか立派だわ。

九、さ

接在用言、助动词终止形及体言、体言性词语、形容动词词干的后面。男性多用。

1.男性用语。表示说话人直率地表达自己的意见。

〇これは君の間違いさ。

〇昼でも夜でも同じことさ。

2.表示疑问。

〇どこへ行ったのさ。

〇どうして約束を守らなかったのさ。

3.表示传闻。

〇大昔、一人のおじいさんが会ったとさ。

〇明日休みだってさ。

4.以长音的形式表示催促动作进行。

〇さあ、早くやろう。

〇さあ、とりあえず上がってください。

6.以长音的形式表示模糊回答。

〇さあ、よく分かりません。

〇さあ、なんと言えばいいかな。

十、とも

接在用言、助动词终止形后面。带有"理所当然"的语气，表示说话人的主观意见。

〇それでいいとも。

〇明日行くとも。

十一、の

接在用言、助动词的连体形后面。

1.肯定句中缓和断定的语气。女性多用。

〇今、おなかが一杯なので、何も食べたくないの。

〇あの人はまだ若いけど、会社の社長なのよ。

2.表示疑问。

〇きれいな着物を着てどこへ行くの？

〇今日は何のパーティーなの？

3.表示命令。

〇諦めないで、ちゃんと生きるの。

〇いつまで、めそめそしないの。

4.表示确认。

〇あなたが行ってくれるなら、私は行かなくていいのね。

〇明日は必ず来てくれるのね。

第六章　助动词

接在其他词之后，为其增添某种意义，有活用变化的附属词叫作助动词
（助動詞_{じょどうし}）。助动词主要用于述语部分，按照意义可以分为如下若干类。

断定助动词：だ・である；

否定助动词：ない・ぬ・ん；

过去完了助动词：た・だ；

希望助动词：たい・たがる；

呼吁助动词：う・よう；

否定呼吁助动词：まい；

比况助动词：ようだ・みたいだ；

推量助动词：らしい；

样态助动词：そうだ；

传闻助动词：そうだ；

使役助动词：せる・させる；

被动助动词：れる・られる；

使役被动助动词：させられる；

可能助动词：れる・られる；

自发助动词：れる・られる；

尊他语助动词：れる・られる。

下面我们将对其进行逐一讲解。

一、断定助动词（だ・である）

接续方法：接在体言或相当于体言的词语、部分副词和助词后，表示对主语

或主题所提出的事物加以肯定或否定的判断。从语体上说，「だ」是简体，「である」为书面语体，敬体形式为「です」「であります」。前者多用于口语，后者一般用于文章中。

表6.1 断定助动词的活用形

基本形	连用形	未然形	终止形	连体形	假定形	命令形
だ	で、だっ	だろ	だ	な	なら	×
である	であり、であっ	であろ	である	である	であれ	であれ

基本含义：断定。

○そろそろ出発の時間だ。車内に入ろう。

○これは長期になわった調査による結果である。

○発車時間です。お乗りの方はお急ぎください。

○この部屋は静かです。

二、否定助动词（ない・ぬ・ん）

接续方法：接在动词未然形、动词型助动词未然形后面。

表6.2 否定助动词的活用形

基本形	连用形	未然形	终止形	连体形	假定形	命令形
ない	なく、なかった	なかろ	ない	ない	なけれ	×
ぬ（ん）	ず	×	ぬ（ん）	ぬ（ん）	ね	×

基本含义：否定。

○タバコも吸わないし、お酒も飲まない。

○見知らぬ人に声を掛けられました。

○留学に行かんがため、貯金しています。

○この部屋は静かではない。

三、过去完了助动词（た・だ）

接续方法：接在用言及除「そうだ（传闻）」「ぬ（ん）」「う」「よう」

「まい」以外的助动词的连用形后面，表示动作已完成或状态已过去。

表6.3 过去完了助动词的活用形

基本形	连用形	未然形	终止形	连体形	假定形	命令形
た	×	たろ	た	た	たら	×

基本含义：

1.过去。

○去年旅行したとき、見学した。

○昨日ずいぶん歩いたので、疲れた。

2.完成，完了。

○桜の花が見事に咲いた。

○ご飯の支度が出来た。

3.动作结果的持续或状态。

○赤い服を着た人は王さんです。

○晴れ渡った空を見ると、なんとなく落ち着く。

4.过去的经验或回忆。

○その日の試験はすごく難しかった。

○若いごろは島まで三十分泳いだ。

5.委婉的命令。

○どいた、どいた。

○ちょっと待った。

6.发现。

○ここにいたんだ。

○あ、あった、あった。

四、希望助动词（たい・たがる）

接续方法：接在动词或动词型助动词的连用形后，表示愿望。

表6.4 希望助动词的活用形

基本形	连用形	未然形	终止形	连体形	假定形	命令形
たい	たかっ、たく	たかろ	たい	たい	たけれ	×
たがる	たがっ、たがり	たがら、たがろ	たがる	たがる	たがれ	×

基本含义：

1.说话人自身的希望：たい

○私はもう一回日本へ行きたい。

○今は誰にも会いたくない。

2.向第二人称询问希望：たい

○どこへ行きたいですか。

○何をしたいですか。

3.第三人称的希望：たがる

○彼はしきりに彼女のことを知りたがっている。

○子供は誰でも大人の真似をしたがるものだ。

五、呼吁助动词（う・よう）

接续方法：「う」接在五段活用动词、形容词、形容动词以及部分助动词等的未然形后；「よう」接在一段、サ变、カ变活用动词以及助动词「れる」「られる」「せる」「させる」的未然形后面。

表6.5 呼吁助动词的活用形

基本形	连用形	未然形	终止形	连体形	假定形	命令形
う	×	×	う	う	×	×
よう	×	×	よう	よう	×	×

基本含义：

1.表示说话人自身的行为。

○誰もやりたくなければ、僕がやろう。

○じゃ、やめようか。

2.表示说话人和听话人一起的行为。

○みんなでがんばろうじゃないか。

○一緒に勉強しましょう。

六、否定呼吁助动词（まい）

接续方法：接在五段活用动词和助动词「ます」的终止形，一段、サ变、カ变活用动词和助动词「れる」「られる」「せる」「させる」的未然形后面。

表6.6 否定呼吁助动词的活用形

基本形	连用形	未然形	终止形	连体形	假定形	命令形
まい	×	×	まい	まい	×	×

基本含义：

1.表示「ないだろう」的意思。

○彼はおそらく承知しまい。

○この雪では車はもう走るまい。

2.表示「ないようにする」的意思。

○私は一生大衆から離れまい。

○これから決して油断はしまい。

七、比况助动词（ようだ・みたいだ）

接续方法：「ようだ」接在用言及助动词「れる」「られる」「せる」「させる」「ない」「たい」「た」「ぬ（ん）」的连体形以及「の」「この」「その」「あの」后面；「みたいだ」接在动词、形容词部分助动词的终止形以及体言、形容动词词干等后面。表示比喻、示例等。

表6.7 比况助动词的活用形

基本形	连用形	未然形	终止形	连体形	假定形	命令形
ようだ	ようだっ ようで ように	ようだろ	ようだ	ような	ようなら	×
みたいだ	みたいだっ みたいで みたいに	みたいだろ	みたいだ	みたいな	みたいなら	×

基本含义：「みたいだ」是「ようだ」的口语形式。

1.比喻：ようだ・みたいだ

○あの女の子は花のような顔をしている。

○あの女の子は花みたいな顔をしている。

2.举例：ようだ・みたいだ

○君のような人と付き合いたくない。

○例えば、仙台や盛岡みたいな町が好きだ。

3.不确定的推测判断：ようだ・みたいだ

○顔色が悪いようだね。

○食べてみたら、ちょっとすっぱいみたいだった。

4.目标、目的：ように

○汽車に間に合うように、早めに出かけなさい。

○学校に遅れないように、5時に家を出た。

5.希望、愿望：ように

○病気が速く治りますようにお祈りします。

○一日も早く上達するよう、期待しております。

6.命令、请求：ように

○早く家へ帰るように。

○そんなことを二度としないように。

八、推量助动词（らしい）

接续方法：接在动词、形容词和助动词「れる」「られる」「せる」「させる」「ない」「たい」「た」「ぬ（ん）」的终止形以及形容动词词干、体言和助词「の」后面。表示推测。

表6.8 推量助动词的活用形

基本形	连用形	未然形	终止形	连体形	假定形	命令形
らしい	らしく らしかっ	×	らしい	らしい	×	×

基本含义：

1.表示有一定根据的推测、判断。

○天気予報によると、明日雨が降るらしい。

○今朝の新聞によると、来年から消費税が増税するらしい。

2.表示委婉的断定。

○彼は不合格だったらしい。

○どうやら事実らしい。

九、样态助动词（そうだ）

接续方法：接在动词和动词型助动词的连用形以及形容词、形容动词、助动词「ない」「たい」的词干后，表示从外部看来要发生的样子和状态。

表6.9 样态助动词的活用形

基本形	连用形	未然形	终止形	连体形	假定形	命令形
そうだ	そうだろ	そうだっ そうで そうに	そうだ	そうな	そうなら	×

基本含义：

1.从外观判断事物的样态。

○このバナナは太くておいしそうです。

○あの人はお金がありそうだ。

○枝が折れそうで危ない。

2.判断事物的变化、状态。

○谷から転げ落ちそうになりました。

○私が行った時はもう式が終わりそうでした。

○うまくいきそうだ。

3.预测将要发生的事情，或预示某种迹象。

○誰か来そうだ。早く起きろ。

○一週間ぐらいいい天気が続きそうだ。

十、传闻助动词（そうだ）

接续方法：接在用言和助动词「れる」「られる」「せる」「させる」「ない」「たい」「た」「だ」「ぬ（ん）」的终止形后面。

表6.10 传闻助动词的活用形

基本形	连用形	未然形	终止形	连体形	假定形	命令形
そうだ	そうで	×	そうだ	×	×	×

基本含义：传闻。

○何か話したいことがあるそうで、今晩会うことになっています。

○祖父の話では昔この辺は一面の林だったそうです。

十一、使役助动词（せる・させる）

接续方法：「せる」接在五段活用动词未然形后面，「させる」接在一段、サ变、カ变活用动词未然形后面，构成使役语态。

表6.11 传闻助动词的活用形

基本形	连用形	未然形	终止形	连体形	假定形	命令形
せる	せ	せ	せる	せる	せれ	せろ、せよ
させる	させ	させ	させる	させる	させれ	させろ、させよ

基本含义：

1.指示命令.

○お医者さんは患者に薬を飲ませた。

○（子供が買い物に行きたくないが）私は子供を買い物に行かせた。

2.放任。

○私は子供に好きなようにおやつを食べさせた。

○（子供が買い物に行きたいといったので）私は子供に買い物に行かせた。

3.诱发。

○みんなの努力が必ず美しい花を咲かせると信じています。

○人工的に雨を降らせる技術が進んでいます。

4.促使人的感情的变化。

○彼はいつも冗談を言ってみんなを笑わせる。

○小さいごろ、いつもいたずらをして親を悩ませた。

5.促使某个状态的发生。

○貿易の不均衡が日米関係を悪化させている。

○夏の天候不順が害虫を大量に発生させた。

十二、被动助动词（れる・られる）

接续方法：「れる」接在五段活用动词未然形后面，「られる」接在一段、サ变、カ变活用动词未然形后面，构成被动语态。

表6.12 被动助动词的活用形

基本形	连用形	未然形	终止形	连体形	假定形	命令形
れる	れ	れ	れる	れる	れれ	れろ
られる	られ	られ	られる	られる	られれ	られろ

基本含义：

1.直接被动。

○弟は太郎に殴られた。

○学生は先生に褒められた。

2.间接被动。

○ちょうど休もうとしたときに、友達に遊びに来られた。

○隣でタバコを吸われて、嫌だ。

3.所属物的被动。

○私は電車の中で前の人に足を踏まれました。

○昨日買い物のとき私は財布をスリに取られた。

4.其他。

○卒業式で、卒業証書を学長先生から渡された。

○モナリザはダビンチによって描かれた。

十三、使役被动助动词（させられる）

接续方法：与「れる」「られる」与「せる」「させる」的连用。

活用形式：同被动助动词的活用形。

基本含义：

1.勉强、被迫。

○飲み会でお酒が苦手な私は先輩にお酒を飲まされてしまった。

○疲れたのに、部屋の掃除を手伝わされました。

2.自发。

○月の見るとふるさとのことを思い出される。

○今回の失敗からいろいろなことを考えさせられました。

十四、可能助动词（れる・られる）

接续方法：「れる」接在五段活用动词未然形后面，「られる」接在一段、サ変、カ变活用动词未然形后面，构成可能语态。

表6.13 可能助动词的活用形

基本形	连用形	未然形	终止形	连体形	假定形	命令形
れる	れ	れ	れる	れる	れれ	×
られる	られ	られ	られる	られる	られれ	×

基本含义：

1.能力。

○子供一人の力でその大石を持ち上げられない。

○あの難問は先生まで解けない。

2.性质。

○この地方では水道水でも飲める。

○ここの魚、生でも食べられる。

3.可能。

○明日王君来られますか。

○明日雨が降ったら、試合は続けられないかもしれません。

十五、自发助动词（れる・られる）

接续方法：「れる」接在五段活用动词未然形后面，「られる」接在一段、サ变、カ变活用动词未然形后面，构成可能语态。

表6.14 自发助动词的活用形

基本形	连用形	未然形	终止形	连体形	假定形	命令形
れる	れ	れ	れる	れる	れれ	×
られる	られ	られ	られる	られる	られれ	×

基本含义：

1.被动形。

○あの歌を聴くたびに昔のことを偲ばれます。

○つい言ってしまったあの一言が悔やまれてならない。

2.可能形。

○なんだか自分が間違っているように思えてきた。

○話を聞いているうちに泣けてきて仕方がなかった。

3.使役被动形。

○月を見るとふるさとのことを思い出させられる。

○首相の突然の辞意声明には驚かされた。

十六、尊他语助动词（れる・られる）

接续方法：「れる」接在五段活用动词未然形后面，「られる」接在一段、サ变、力变活用动词未然形后面，构成可能语态。

表6.15 尊他语助动词的活用形

基本形	连用形	未然形	终止形	连体形	假定形	命令形
れる	れ	れ	れる	れる	れれ	×
られる	られ	られ	られる	られる	られれ	×

基本含义：尊敬。

○上原先生はまだ事務室に戻られていません。

○部長、明日何時に来られますか。

本节将动词的活用形在第第三章讲述的动词常用活用形的基础上，结合助动词的变形进行补充如下表。

表6.16 动词·助动词的活用形（1）

		可能形	受身形	使役形
		「れる（られる）」	「れる（られる）」	「せる（させる）」
五段動詞	言う	言える	言われる	言わせる
	泣く	泣ける	泣かれる	泣かせる
	話す	話せる	話される	話させる
	立つ	立てる	立たれる	立たせる
	死ぬ	死ねる	死なれる	死なせる
	読む	読める	読まれる	読ませる
	売る	売れる	売られる	売らせる
	泳ぐ	泳げる	泳がれる	泳がせる
	呼ぶ	呼べる	呼ばれる	呼ばせる

（续表）

		可能形	受身形	使役形
		「れる（られる）」	「れる（られる）」	「せる（させる）」
一段動詞	食べる	食べられる／食べれる	食べられる	食べさせる
	起きる	起きられる／起きれる	起きられる	起きさせる
サ変動詞	する	できる	される	させる
カ変動詞	来る	こられる／これる	こられる	こさせる

表 6.17 动词・助动词的活用形（2）

		使役受身形	否定推量形
		「させられる」	「まい」
五段動詞	言う	言わせられる／言わされる	言うまい
	泣く	泣かせられる／泣かされる	泣くまい
	話す	話させられる	話すまい
	立つ	立たせられる／立たされる	立つまい
	死ぬ	死なせられる／死なされる	死ぬまい
	読む	読ませられる／読まされる	読むまい
	売る	売らせられる／売らされる	売るまい
	泳ぐ	泳がせられる／泳がされる	泳ぐまい
	呼ぶ	呼ばせられる／呼ばされる	呼ぶまい

（续表）

		使役受身形	否定推量形
		「させられる」	「まい」
一段動詞	食べる	食べさせられる	食べまい
	起きる	起きさせられる	起きまい
サ変動詞	する	させられる	しまい／すまい／するまい
カ変動詞	来る	こさせられる	きまい／こまい／くるまい

第七章　敬语

　　在正式的场合，面对长辈或陌生人等的时候，要使用比较正式，对他人表示尊敬的语言表达方式，这就是敬语。日语的敬语按照对对方的尊敬方式的不同，可以分为尊敬语（尊敬語），谦让语（謙讓語）和郑重语（丁寧語）三种。

第一节　尊敬语

　　尊敬语是说话人通过抬高对方的方式表示对对方尊敬的一种敬语。一般来说，尊敬语涉及的对象为与需要尊敬的一方直接相关的事物。比如对方的所属物，或对方的动作行为等。

一、名词代词类

　　常用的尊敬语名词或代词：

　　先生、学長、校長、社長、部長、課長、師匠、関取、棟梁、奥さん、あなた、どなた、どちらさま、あなた方、方…

二、接头接尾词类

　　1.常用的接头词：

　　御（お）：お客、お手紙、お話、お宅、お電話

　　御（ご）：ご案内、ご希望、ご協力、ご心配、ご都合

　　貴（き）：貴社、貴校、貴国

　　令（れい）：令兄、令夫人、令嗣

　　高（こう）：高説、高見、高論

尊（そん）：尊体、尊名、尊容

芳（ほう）：芳志、芳墨、芳名

2.常用的接尾词：

～さん：山田さん、学生さん、八百屋さん

～さま：二人様、中村様

～殿（どの）：渡辺殿、学長殿、会長殿

～氏：彼氏、成田氏、某氏（なにがし）

～方（がた）：先生方、あなた方、婦人方

3.接头接尾词并用：

お父様、お父さん、ご苦労様、ご苦労さん、ご馳走様、お客様、お客さん

三、特殊尊敬语动词类

在表示尊敬对象所进行的动作、行为的时候，需要将表示此动作、行为的动词变成相应的尊敬语的形式。日语中，有极少动词有其对应的尊敬语动词，绝大部分是套用在某种尊敬语的句型当中的。有关极少部分的尊敬语动词将在本节的后面与谦让语、郑重语一起列出。下面说明适用于绝大部分动词的尊敬语的句型。

四、尊敬语句型类

1.お／ご＋動詞の「ます」形／サ変動詞の名詞の部分＋になる

○鈴木先生はこの問題を詳しくお調べになった。

○今日は大変ご馳走になりました。

○いつも主人は大変お世話になっております。

2.お／ご＋動詞の「ます」形／サ変動詞の名詞の部分＋なさる

○ご本人がよくお読みなさるべきです。

○どんな感じで先生方はご説明なさるでしょうか。

○そんなにご心配なさらないでください。

3.お／ご＋動詞の「ます」形／サ変動詞の名詞の部分＋です

○お出かけですか。

○何をお探しですか。

○鈴木先生は中でお待ちです。

○先生がお呼びです。

4. 動詞の「れる／られる」の形

○これはご友人が書かれたのです。

○今学期から鈴木先生が私たちに日本語を教えられます。

○吉田先生は明日来られますか。

5. お／ご＋動詞の「ます」形／サ変動詞の名詞の部分＋くださる

这是「てくださる／てくれる」的敬语形式。

○もう少しお待ちください。

○八時までにご連絡くださいませんか。

○わざわざお見送りくださってありがとうございました。

6. 動詞の「て」形＋てくださる

这是「てくれる」的敬语形式。

○先生が詩を朗読してくださいます。

○芝生の中に入らないでください。

○明日山田さんがわざわざ家まで来てくださるとのことです。

7. 動詞の「て」形＋ていらっしゃる

这是「ている」的敬语形式。

○先生は旅行に大きいかばんを持っていらっしゃいますか。

○いつ外国から帰っていらっしゃったのですか。

○おじいさんは新聞を読んでいらっしゃる。

第二节　谦让语

谦让语是说话人通过压低自身的方式表示对对方尊敬的一种敬语。一般来说，谦让语涉及的对象跟说话人自身有直接关系，而跟需要尊敬的对方之间存在的关系是间接的。比如说话人自身的所属物，或说话人自身的动作、行为等。

一、名词代词类

常用的谦让语名词或代词：

わたし、わたくし、ぼく、おれ、家内

二、接头接尾词类

1.常用的接头词：

小：小生、小論、小社

拙：拙者、拙作、拙宅

愚：愚息、愚見、愚計、愚兄

拝：拝啓、拝見、拝読、拝聴

弊：弊社、弊店、弊宅

2.常用的接尾词：

～ら：ぼくら

～ども：わたくしども

三、特殊谦让语动词类

在表示与需要尊敬对象之间有间接关系的说话人自身所进行的动作、行为的时候，需要将表示此动作、行为的动词变成相应的谦让语的形式。日语中，有极少部分动词有其对应的谦让语动词，绝大部分是套用在谦让语的句型当中的。关于极少部分的谦让语动词将在本节的后面与尊敬语、礼貌语一起列出。下面说明适用于绝大部分动词的谦让语句型。

四、谦让语句型类

1.お／ご＋動詞の「ます」形／サ変動詞の名詞の部分＋する／いたす

○それではよろしくお願いいたします。

○これをお持ちになって、お呼びするまでお待ちください。

○何かお手伝いしましょうか。

2.お／ご＋動詞の「ます」形／サ変動詞の名詞の部分＋申す／申し上げる

这是跟语言表达相关的敬语形式。

○よろしくお願い申します。

○お詫び申し上げます。

○社長にご報告申し上げます。

3.お／ご＋動詞の「ます」形／サ変動詞の名詞の部分＋願う

这是跟请求相关的敬语形式。

○お許し願いたいと思います。

○以上を発見された方は直ちにお知らせ願います。

○節電と節水にご協力願います。

4.お／ご＋動詞の「ます」形／サ変動詞の名詞の部分＋いただく

这是「ていただく／てもらう」的敬语形式。

○もう少しお待ちいただけますか。

○八時までにご連絡いただけませんか。

○わざわざお見送りいただき、ありがとうございました。

5.動詞の「て」形＋ていただく

这是「てもらう」的敬语形式。

○先生に詩を朗読していただきました。

○明日山田さんにわざわざ家まで来ていただくことになりました。

6.動詞の「て」形＋ておる

这是「ている」的敬语形式。

○学校の正門で待っております。

○私はそう考えております。

第三节　郑重语

郑重语是表示对听话人、读者等表示郑重、礼貌的敬语形式。它不同于尊敬语和谦让语，既不抬高对方也不贬低自己。常说的「です」「ます」体就是敬体，即为典型的郑重语形式。

一、接头词类

常用的接头词：

お：お米、お茶、お菓子、お金、お水、お手洗い

ご：ご飯、ご馳走

二、郑重语动词类

特殊的尊敬语动词、谦让语动词和郑重语动词总结如下。

表7.1 特殊尊敬语动词、谦让语动词和郑重语动词

普通動詞	尊敬語	謙譲語	丁寧語
いる	いらっしゃる／ おいでになる	おる	○
ある	○	○	ござる
合う	○	お目にかかる	○
見せる	○	お目にかける／ お目に入れる	○
あげる	○	さしあげる	○
くれる	くださる	○	○
もらう	○	いただく／ 頂戴する	
言う	おっしゃる	申す／ 申し上げる／ 存じる	申す
来る	いらっしゃる／ 見える／おいでになる／ お見えになる／ お越しになる	参る	参る

（続表）

普通動詞	尊敬語	謙譲語	丁寧語
行く	いらっしゃる／おいでになる／お越しになる	参る／伺う	参る
する	なさる／あそばす	いたす	いたす
食べる	召し上がる／上がる	いただく	いただく
飲む	召し上がる／上がる	いただく	○
着る	召す／お召しになる	○	○
見る	ご覧になる	拝見する	○
聞く	○	伺う／承る	○
訪ねる	○	伺う／お邪魔する	○
承知する	○	○	畏まる
死ぬ	○	○	なくなる
寝る	○	○	休む
知っている	ご存知です	存じている	
分かる	○	承知する／畏まる	○
引き受ける	○	承知する／畏まる	○

三、其他礼貌语

部分代词、副词、名词、形容词等的礼貌语的形式总结如下。

表7.2 部分代词、副词、名词、形容词等的礼貌语的形式

普通語	丁寧語
こっち	こちら
そっち	そちら
あっち	あちら
どっち／どこ	どちら
昨日（きのう）	昨日（さくじつ）
夕べ	昨夜
今日（きょう）	本日／今日（こんにち）
明日（あした）	明日（みょうにち）
あさって	明後日（みょうごにち）
次の日	翌日
いま	ただいま
この間	先日
今度	この度／今回
後で	後ほど
さっき	先ほど
これから	今後／これより
ちょっと／少し	少々
いくら	いかほど／おいくら
本当に	誠に
すぐ	早速／早急に

（续表）

普通語	丁寧語
早く	早めに
どう	いかが
すごく／とても	大変／非常に
すみません	申し訳ございません／恐れ入ります
うまい	美味しい
よい	よろしい／けっこう

专题1　语态——授受关系句型（1）

一、授受关系句型的基本常识

1.授受动词

在日语的授受关系句型中存在以下七个授受动词补助动词。

「あげる」：同じ身分の人の間や目下の人に使われる。

「てやる」：目下の人や動物、植物に対して使われる。

「さしあげる」：「やる、あげる」の謙譲語で、目上の人に対して使われる。

「くれる」：同じ身分の人の間や目下の人など、特に敬意を表さない時に使われる。

「くださる」：「くれる」の尊敬語で、目上の人に対して使われる。

「てもらう」：同じ身分の人の間や目下の人など、特に敬意を表さない時に使われる。

「いただく」：「もらう」の謙譲語で、目上の人に対して使われる。

下面，将授受关系句型中各要素在句子中充当的成分进行总结。

表8.1 日本語の授受動詞と「与え手」と「受け手」が当たる文中の要素

非敬語形	やる / あげる	くれる	もらう
敬語形	さしあげる	くださる	いただく
与え手	主語		目的語
受け手	目的語		主語
視点	主語（与え手）	目的語（受け手）	主語（受け手）

表8.2 「与え手」と「受け手」が取る「格助詞」

非敬語形	やる / あげる	くれる	もらう
敬語形	さしあげる	くださる	いただく
与え手	が / は	が / は	に / から
受け手	に	に	が / は

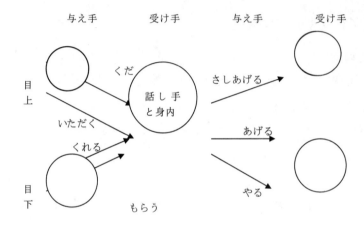

下面介绍一下各组授受关系句型中的人称关系。（1、2、3分别代表第一人称、第二人称、第三人称。）

あげる、やる、さしあげる：1から2、3まで、2から3まで、3から3まで

くれる、くださる：3から2まで、2、3から1まで

もらう、いただく：3から2、3まで、2、3から1まで

二、物的授受

授受动词句由于对于同样的事态可以从不同的人的角度（给予者或者接受者等）进行描述，因此也可以将其作为态来考虑。

日语学习者中经常出现类似「×友達が私を手伝ってあげました」「×友達が私に本をもらいました」等的误用。日语中表示"给"的两个动词アゲル和クレル在使用上，对给予者和接受者的人称有一定的限制。比如下面的例句：

アゲル：〇私が田中に本をあげた。　　　×田中が私に本をあげた。

　　×田中が私の妹に本をあげた。　　○私の妹が田中に本をあげた。
　　○田中が山田に本をあげた。
クレル：×私が田中に本をくれた。　　○田中が私に本をくれた。
　　○田中が私の妹に本をくれた。　　×私の妹が田中に本をくれた。
　　×田中が山田に本をくれた。

　　也就是说，アゲル要求给予者一定是说话人或说话人的朋友、亲人等属于说话人范围内的人，或者跟说话人是没有关系的第三人称之间的授受。而クレル正好与其相反，要求接受者为说话人或说话人的朋友、亲人等属于说话人范围内的人。

　　另外，再考虑一下说话人的视点问题。用前面的被动句中提到的说话人共感度的排序（話し手自身＞話し手の親族や友人＞第三者＞無生物）来理解的话，アゲル是将视点放在给予者（主语）上，而クレル则是将视点放在了接受者（表示对象的补语）的角度上。前面也提到过，一般来说，说话人都是把视点放在他动词句子的主语上的，因此对于学习者来说，アゲル容易理解一些，而クレル则成了学习的难点。

　　下面再看一下受领动词モラウ。受领动词モラウ一般以「AがBにCをもらう」或者「AがBからCをもらう」的形式出现。对于给予者和接受者同样具有人称限制。具体如下。

モラウ：○私が田中に本をもらった。　　×田中が私に本をもらった。
　　○私の妹が山田に本をもらった。×山田が私の妹に本をもらった。
　　○山田が田中に本をもらった。

　　也就是说，接受者一定是说话人或说话人的朋友、亲人等属于说话人范围内的人，或者是跟说话人没有关系的第三人称之间的授受。

　　同样从视点的角度来考虑的话，モラウ句中，说话人将视点放在了接受者（主语）的角度上。可以将上面的论述总结成下面的表格。

表8.3 授受動詞と視点

授受動詞	ガ格主語	二格補語	共感度　視点
アゲル	与え手	受け手	与え手＞受け手
クレル	与え手	受け手	受け手＞与え手
モラウ	受け手	与え手	受け手＞与え手

三、恩惠的授受——テアゲル、テクレル、テモラウ

上面提到的授受动词可以接在其他的动词的テ形后面，作为补助动词来使用，叫作授受补助动词。它们不是用来表示物的授受的，而是用来表示恩惠的授受的。它们在给予者和接受者的人称限制上，以及说话人的视点摆放上，跟上面提到的授受动词作为本动词的用法上的规则基本上是一致的。比如下面的例子：

○友達が私に中国語を教えてくれた。

×友達が私に中国語を教えててあげた。

○私が友達に日本語を教えてあげた。

×私が友達に日本語を教えててくれた。

○私が友達に手伝ってもらった。

×友達が私に手伝ってもらった。

与本动词在使用上的根本差异在于，本动词是用来表示物的授受的，而补助动词是用来表示动作中所包含的恩惠（利益）等的传递的。

另外，在授受补助动词构成的句子中，表示接受者的时候，一般有二格和「～ノタメニ」两种形式：

○太郎は次郎に本を読んであげた。

○太郎は次郎に手紙を書いてあげた。

○太郎は次郎に昔話をしてあげた。

○太郎は次郎（×に）のために買い物に行ってあげた。

〇太郎は次郎（×に）のために部屋の掃除をしてあげた。

什么时候用ニ格什么时候用「～ノタメニ」，要由授受补助动词前面的本动词来决定。像「～が～に本を読む」「～が～に手紙を書く」「～が～に昔話をする」这样，本动词本身就可以带有表示归着点（目的）的ニ格补语的时候，这个句子中的接受者可以用ニ格来表示。但是，像「買い物に行く」「部屋を掃除する」这样，本动词本身不带有表示归着点（目的）的ニ格补语的时候，这个句子中的接受者就不能用ニ格来表示，而要用「～ノタメニ」来表达。

上面提到的只是テアゲル的例子，那么テクレル的情况基本与其类似。唯一不同的是，一般来说说话人自己是接受者的时候，除非有特殊强调的必要，否则一般不说「私に/私のために」。

〇太郎が本を読んでくれた/太郎が妹に本を読んでくれた。

〇太郎が買い物に行ってくれた/妹のために太郎が買い物に行ってくれた。

再看テモラウ，它有两种含义。一种是给予者自愿为接受者做了某种带有恩惠传递的行为，另外一种是接受者请求了给予者之后给予者才为接受者做了某种带有恩惠传递的行为。比如下面的这个句子。

田中さんに推薦状を書いてもらった。

它既可以表示田中主动为我写了推荐信，也可以表示我先拜托了田中，然后田中才给我写的。

另外，テモラウ还有表示使役意思的时候，比如下面的例子。

〇パソコンを壊したのは君だから、弁償してもらうよ。

〇時間に遅れた理由をみんなの前で説明してもらった。

〇仕事の失敗の責任を取ってもらいたい。

比起使用「弁償させる」「説明させる」「とらせる」，使用テモラウ具有缓和命令、指示语气等作用。

专题2 语态——授受关系句型（2）

一、学习者的角度

作为日语学习者，当我们接触日本人的会话之时，会发现日本人口中经常会出现授受关系句型。而有很多用法，我们虽然听得懂，但是却不知道为什么那么用，当然要让我们自己说，就更困难了。由此可见，日语授受关系句型因为日本人常用而重要，也因为我们不会用而成为一个难点。因此，本专题将站在日语学习者的角度，对日语授受关系句型做以透彻的分析，希望给广大日语学习者带来一点启发。

二、关于日语「てもらう」句型

日语「てもらう」句型的基本含义是"我求别人为我做某事"。其中的"我"还可以指"我一方的人"，比如说我的家人、亲戚、朋友、同学之类；"别人"是指"我一方"之外的人。

另外「てもらう」句型最典型的用法包含以下三个要素：

①说话人向对方提出请求。

②对方所做事情的受益者为说话人。

③说话人把对方所做的事情作为一种利益来接受。

首先看基于以上三个要素的「てもらう」句型和典型用法的例句。

<典型用法>

○私は友達に頼んで、お弁当を買ってもらった。（我拜托朋友给我买了便当。）

这种情况包含了上面的三个要素。①说话人向朋友提出请求，然后朋友给说

话人买了便当；②朋友买便当这个动作的受益者是说话人；③说话人把朋友为自己买便当这件事当作一种利益来接受。

　　这种情况是「てもらう」句型最典型的用法，想必对于学习者来说是比较容易理解的。然而除了这种典型用法以外，日本人口中还会出现下面将要列举的「てもらう」句型的诸多引申用法。这些用法并非与上面的三个要素完全吻合，因此也就成为学习的难点。

＜引申用法1＞

　　○また遅刻したら、この仕事をやめてもらうしかありません。（你再迟到的话，就只好让你辞职了。）

　　首先看要素①，说话人向对方提出"辞职"的"请求"；要素②，对方的"辞职"，减少了对说话人一方的损失或者不良影响，因此说话人一方为受益者；最后看要素③，说话人把对方的"辞职"作为对自己有利的行为来接受。但是仔细看要素①，就会发现它与上面的典型用法的区别。典型用法中说话人向朋友提出的是"买便当"的"请求"，而这个例句中，与其说是说话人对对方的"请求"，不如说是一种"命令"。

　　也就是说，即便是向对方提出的一种"命令"，说话人仍然可以将其软化为一种"请求"的语气，而使用「てもらう」句型来表达。但是作为学习者，就很难想到使用「てもらう」句型，而往往容易"就事论事"地表达为：「また遅刻したら、この仕事をやめさせるしかありません」。

＜引申用法2＞

　　○先生のお宅に尋ねたとき、奥さんにお茶を出してもらった。（我去老师家的时候，老师的夫人给我倒了一杯茶。）

　　这种情况只包含了上面的两个要素。其中之一是要素②，夫人倒茶的受益者为说话人。另外是要素③，说话人把夫人为自己倒茶这个动作作为一种好意来接受。但是却缺少要素①，因为说话人去老师家，一般情况下不可能向老师的夫人要茶喝，而是人家主动给说话人倒的。

　　也就是说，说话人可以把它看成是"宛如是自己先求了对方，对方才做的"

一样，而使用「てもらう」句型。但是作为学习者，就很难想到使用「てもらう」句型，很可能使用「てくれる」句型，甚至只表达成「先生のお宅に尋ねたとき、奥さんが私にお茶を出した」这样一种形式了。

＜引申用法3＞

〇（母に対して）母さん、長生きにしてもらいたい。（对妈妈说：妈，我希望您健康长寿。）

这种情况更为特殊，因为它没有完全满足上面三个要素中的任何一个要求。先从要素①来看，说话人希望母亲健康长寿，但是这与其说是一种"请求"，不如说是一种"期待"或"希望"；再看要素②，如果母亲真的健康长寿了，真正的受益者是谁呢？当然对于作为孩子的说话人来说是件高兴的事，但是直接受益人却是母亲本身；最后看要素③，与其说是说话人把母亲健康长寿的事情作为一种利益来接受，不如说是作为一种对于自己来说"高兴"的事情来接受。

也就是说，即便对于对方的是一种希望，并且对方做事的受益人不是说话人自己，但是日本人仍会使用「てもらう」句型，宛如自己因此而受益一样来理解当时的情况。但是作为学习者，很可能说成「母さん、長生きしてほしい」。能想到用「てほしい」句型，却很难想到使用「てもらう」句型。

＜引申用法4＞

〇 A：お金を貸してくれないかな？

　B：そんなことを言ってもらっては、困りますよ。

（A：借我点钱呗。B：你说这话，可真让人为难呢。）

这是「てもらう」句型最为特殊的用法。这种用法既不是说话人让对方向自己借钱的，当然自己也不是对方借钱的受益者，并且说话人也没有把对方向自己借钱的事情作为一种利益来接受。也就是说，这种情况不但完全违背了上面的三个要素，而且可以说是正好与三个要素完全相反。

这种说法是「てもらう」句型的表示"讽刺""责备"，表达说话人"为难""困惑"之意的一种用法。在这种情况下，学习者可能会想到用被动句型，说成「そんなことを言われては、困りますよ」，但是却无论如何也想不到用「てもらう」这个句型。

三、关于日语「てくれる」句型

「てくれる」句型的基本含义是"别人为我做某事"，其中的"我"还可以指"我一方的人"，比如说我的家人、亲戚、朋友、同学之类；"别人"是指"我一方"之外的人。

另外，「てくれる」句型的典型用法可以归纳为以下三个要素：

①动作主为有情物，即"人"。

②动作主有意识地为说话人做事。

③说话人怀着一种感激、喜悦之情来接受动作主为自己所做的事情。

首先看基于以上三个要素的「てくれる」句型的典型用法的例句。

＜典型用法＞

○財布を忘れて困っているときに、友達がお金を貸してくれた。（我忘带钱包正发愁的时候，朋友把钱借给了我。）

这种用法是「てくれる」句型的典型用法，也满足了上面的三个要素。①动作主"朋友"是有情物；②朋友借我钱，肯定是一种有意识的动作，换句话说，不是像被灌了"迷魂药"似的，迷迷糊糊地、不知不觉地就把钱递到我手上了；③说话人对朋友借给自己钱这件事，是怀着一种感激之情的，否则，就可以删掉「てくれる」部分，直接表达成「友達が私にお金を貸した」这种形式了。

以上这种典型用法是「てくれる」句型中最常见的一种用法，也是我们学习日语时最先接触的用法。还可以列举下面这些例句。

○母が私を抱きしめてくれた。（妈妈抱住了我。）

○先生が日本語を教えてくれた。（老师教我日语。）

但是，除此之外还有很多由此引申出来的用法，这些引申用法并没有完全符合「てくれる」句型的典型用法的三要素，但是也不少见。同样，也是学习者学习的一个难点。

＜引申用法1＞

○赤ちゃんがやっと泣き止んでくれた。（小孩儿终于不哭了。）

○死に掛けた友達がやっと生き返ってくれた。（奄奄一息的朋友终于活过来了。）

这两个例句当中，动作主分别为"小孩儿"和"朋友"，因此满足了第一个要素。但是，小孩儿停止哭泣，并不是孩子主动为说话人做的事情，因为婴儿不会用这样的意识；奄奄一息的朋友死而复生，也不是他能控制得了的，因此也不是有意识地为说话人所做的动作。因此，这两种情况都不符合第二个要素。最后看第三个要素，如果说话人不是怀着一种欣喜与感激之情的话，就可以平铺直叙地表达为，「赤ちゃんがやっと泣き止んだ」「友達がやっと生き返った」，这样的话只是一种客观的叙述，而没有表达出说话人对于眼前事态所怀有的主观感情。由此看来，第三个要素是满足的。

<引申用法2>

○いいときに雨が降ってくれた。（下了一场及时雨。）

○庭に植えた花が夏になると咲いてくれた。（种在院子里的花到了夏天都开了。）

这两个例句更为特殊。首先看第一个要素，两个句子的动作主分别为"雨"和"花"，都是无情物；另外，无论是下雨，还是开花，都不是特意为说话人所做的事情，因此第二个要素也是不满足的。那么，说话人之所以用了「てくれる」这个句型，就是因为说话人对"久旱逢甘雨"以及"自己精心栽培的花儿的开放"怀有一种喜悦或者感激之情。那么这种感情在用日语表达的时候，没有「てくれる」句型，就不足以表达出来。

通过以上的介绍，我们可以看出，日语「てくれる」句型所包含的要素当中，不可缺少的是"表达了说话人的感激、喜悦之情"这个要素。也就是说，即便动作主所做的动作并非有意为说话人所做，但是只要说话人把这个事情看成是"宛如有意为自己所做的"一样来理解的话，那么日语母语者就会使用这样一种表达感激、喜悦之情的「てくれる」句型将自己的感情表达出来。

而与之相对，在我们汉语中没有像日语「てくれる」句型这样专门用来表达说话人感激之情的表达方式。因此，作为汉语母语者的我们在说日语时，往往会忽略「てくれる」句型的使用。这样一来，即便你满腔感激之情，却因为没有使

用「てくれる」句型，而造成你的感情无法表达出去，由此带来的误解也就不可避免了。比如经常会从汉语母语者口中听到这样的句子。

○（先生に奨学金の推薦書を書くように頼む）先生、推薦書を私に書けますか。（拜托老师给写奖学金的推荐信：老师，您能给我写一下推荐信吗？）

对应的汉语在我们看来再自然不过，对老师的请求之情也表达了出来。但是，由汉语直接翻译过去的日语，却是无论如何都无法让日本人接受的。因为这种请求（乃至老师给你写了以后的感激）之意，根本就无法从你的日语中体会出来，因此可以说这是一种极为不礼貌的表达方式。它所欠缺的就是「てくれる」这个部分。正确的应该表达为「先生、推薦書を書いてくださいませんか」（「くださる」是「くれる」敬语形式）。

由此可见，第一，「てくれる」句型在传达自己感激之意时所起的重要作用。不用「てくれる」句型，虽然用汉语的理解方式来看没有问题，但是从日语的角度来看却是行不通的。第二，我们在说日语时，不能把汉语直接翻译成日语去表达，而是去体会并掌握日本人对于当时情况的把握方式，当需要表达感激、喜悦之情的时候，即便对方是婴孩，即便是一场雨而已，也要用上「てくれる」句型来把自己的感情传递出去。这一观点与上一章中提到的体会母语者对于事态把握方式的论点是一致的。

＜引申用法3＞

最后看「てくれる」句型的最后一种引申用法，这种用法独立于以上用法之外，是上面所说的感激、喜悦之情的反面感情的一种表达，不为常见，仅作补充。

○お前、よくも俺の顔に泥を塗ってくれたね。（你可真能给我丢脸呢！）

○お前、よくも俺をいじめてくれたね。（你可真能欺负人啊！）

这两个例句特殊在哪里呢？首先从前两个要素来看，动作主是对方"你"，并且"你给我脸上抹黑"也好，"你欺负我"也好，都可以理解为"你"的有意识的行为。但是从第三个要素来看，很显然，"你让我丢脸"和"你欺负我"这两件事情，说话人是不可能怀着什么感激与喜悦之情的，而是一种讽刺、责备的表达方式。

四、关于日语「てやる/てあげる」句型

「てやる/てあげる」句型的基本含义是"我为别人做某事"，其中的"我"还可以指"我一方的人"，比如说我的家人、亲戚、朋友、同学之类；"别人"是指"我一方"之外的人。

另外，「てやる/てあげる」句型的典型用法可以归纳为以下三个要素：

①说话人有意识地为对方做事。

②对方是有情物，即"人"。

③表达说话人对对方的一种好意。

首先看基于以上三个要素的「てやる/てあげる」句型的典型用法的例句。

＜典型用法＞

○泣かないで、お兄ちゃんがお金を出してあげるから。（别哭，哥哥给你钱。）

○私は山田さんに中国語を教えてやった。（我教山田汉语。）

这种用法是「てやる/てあげる」句型的典型用法，也满足了上面的三个要素。①说话人是有意识地"给妹妹出钱"，有意识地"教山田汉语"；②对方"妹妹"和"山田"都是有情物；③说话人将给妹妹钱，或者教给山田汉语这件事情，当作是自己对于对方的一种好意，并将这种好意用语言表达了出去，因此用了「てやる/てあげる」句型。如果只是一种客观叙述，而没有表达这些主观感情的话，就可以删掉「てやる/てあげる」部分，直接表达成「お金を出すから」或「中国語を教えた」这种形式了。

以上这种典型用法是「てやる/てあげる」句型中最常见的一种用法，也是我们学习日语时最先接触的用法。

需要注意的是，上一章讲的「てくれる」句型表达的是说话人对于对方所做事情的一种感激之情，因此即便对方不是有意为自己做事，说话人也可以用「てくれる」句型来表达，因为"礼多人不怪"，所以一般「てくれる」句型的使用不会给对方带来不快的感觉。但是与之相反，「てやる/てあげる」句型中表达的是说话人自己对于对方的一种"好意"，因此，如果使用得不恰当，就会给人

一种"把自己的好意强加给别人的感觉"。所谓的"做好事不留名""做点好事就显摆"等，说的就是这个道理。因此，「てやる/てあげる」句型的使用需要谨慎，比如下面的场合就不妥当。

　　○（重そうな荷物を持っている先生を見て）先生、持ってあげましょうか。（看见老师拿着重重的行李：老师，我来帮你拿吧。）

　　从汉语看来，这是一种自然的表达。从「てやる/てあげる」句型的要素来看，因为是我为老师做的事，所以用「てやる/てあげる」句型也无可厚非。也就是说，从语法的角度来看这句话没有问题。但是从语言使用的角度来看，这样的表达给日本人的感觉是说话人把自己为老师拿包的好意赤裸裸地展现给老师，有一种牵强人意之嫌。因此，这样的表达是不符合日本人的说话习惯的。可以正常地表达为「先生、持ちましょうか」，或者使用敬语表达「先生、お持ちしましょうか」。

　　上面介绍了「てやる/てあげる」句型的基本用法以及语言使用时的注意事项。通过以上的介绍我们得出这样一个结论，并非符合语法规则的表达都是恰当的表达。

　　下面接着介绍几种「てやる/てあげる」句型的引申用法。

＜引申用法1＞

　　○（料理番組中、野菜を洗う時）よく洗ってあげますね。（烹饪节目中，洗菜的时候：把菜好好洗一洗。）

　　这个例句当中，说话人洗菜是一个有意识的动作，因此满足了第一个要素。但是，对方是蔬菜，并不是有情物。表达的主观感情是说话人的一种认真做事的态度。

　　因此，可以说，「てやる/てあげる」句型是可以用在对方是无情物这样的场合的。

　　再比如下面的例句。

　　○（掃除するとき、子供への指示）ここもよく拭いてあげてね。（打扫卫生的时候，对孩子说：把这里也好好擦一擦。）

<引申用法2>

○お前を死刑台に送ってやるぞ！（我要把你送上绞首架！）

这个例句当中，将对方送上绞首架肯定是说话人有意识的动作，并且对方是有情物，因此符合前两个要素。但是这个时候不能说表达的是说话人的一种好意，而是表达了说话人对于对方的一种憎恶、痛恨等恶意。

也就是说，「てやる/てあげる」句型跟前面讲的「てもらう」句型与「てくれる」句型一样，不但可以表达正面的一种获益、感激等主观感情，还可以表达讽刺、责备等负面感情。这里「てやる/てあげる」句型所表达的负面感情就是说话人对于对方的一种恶意。

类似的例句还有。

○愛する人を失うつらさを教えてあげる。（我来让你体会一下失去爱人的痛苦！）

○弟をいじめたら、父さんに言いつけてやる。（你再欺负我弟弟，我就去告诉我爸！）

<引申用法3>

○今度こそ合格してやるぞ。（我这次一定要考上！）

这是最后一种引申用法，这种用法只限于「てやる」，而不包括「てあげる」。并且是「てもらう」句型与「てくれる」句型在用法扩张中所没有到达的一个阶段。

这两个例句特殊在哪里呢？他不表达说话人对于对方的一种善意或恶意，而只是说话人的一种坚定意志的流露。那么，为什么「てもらう」句型与「てくれる」句型没有扩张到这个阶段呢？还是从「てやる」句型的基本含义说起，「てやる」表达的是说话人自身的一种主观感情，并且这种主观感情是从自身所做的动作中体会到的，也就是说说话人把握"从自身所做动作中体现主观感情的主动权"，因此说话人攥着这个主动权，体现出的是好意还是恶意，还是自己的坚定意志，就由说话人自己说得算了。而与此相对，「てもらう」句型与「てくれる」句型则不同，它们体现的是说话人对于"对方所做动作"怀有的感情，那么这种感情只能局限在好意、感激等正面感情，与讽刺、责备等负面感情之上，而

无论如何也体现不出说话人自己的某种坚定意志了。

五、总结

　　综上所述，每一类的典型用法都占绝大多数，但是除此之外的引申用法也不罕见。这些引申用法，听到时难以理解，运用时就更不容易了。因此，要想能够像日本人那样游刃有余地运用授受关系句型，我们需要学习的不仅是授受关系句型本身，更要参透日本人在使用授受关系句型时，是如何理解与把握当时所面对的情况的。作为外语学习者，只有学会了母语说话者对于情况的理解方式，说出来的外语才是地道的外语，而不是我们通常所说的"汉语式日语"。这种学习观不但适用于授受关系句型的学习，也同样适用于其他语法项目的学习；不但适用于日语的学习，也同样应该在其他的外语学习中得到融会贯通。

专题3　语态——使役句

一、使役句的形式

孩子在父母的要求下学习的时候，我们说「親が子供に勉強させた」。像这种从下达命令或要求的一方的立场上进行描述的句式叫作使役句。使役句也是语态的一种。

「子供が勉強した」这个主动句，和「親が子供に勉強させた」这个使役句，两者的动作主体都是孩子。但是，在使役句中，除了动作主体，还存在一个向动作主体下达指示的人物的存在。形成了『使役者が「動作主が～する」ようにする』这样一种结构。用上面的例子说的话，就是『親が「子供が勉強する」ようにする』这样一种结构。

在使役句中，在事件（子供が勉強した）之外还存在另外一个登场人物（親），这个登场人物可以理解为引起事件发生的原因（親が「子供が勉強する」ようにする）。也就是说，使役句（親が子供に勉強させた）的登场人物，比单纯描述其中的事件（子供が勉強した）的登场人物，多了一个。

另外，使役句所表达的事态构图跟间接被动句表达的事态构图有几分类似。两者都是「出来事に登場する要素＋出来事の外の要素」这样的构图模式，并且主语皆为事件之外的要素。不同的是，使役句中的主语是引起事件发生的存在，而间接被动句中的主语是承受事件影响的承受者的身份。

使役句的主语由ガ格来表示。事件的动作主的格却由述语动词是自动词还是他动词来决定。自动词的时候，有「親が子供を遊ばせる」和「親が子供に遊ばせる」两种形式，即动作主既可以用ヲ格来表示，也可以用ニ格来表示。而他动词的时候，不能像「×親が子供を本を読ませる」这样来表示，而要像「親が子供に本を読ませる」这样来表示，也就是说，述语是他动词的时候，为了避免歧

义，不用ヲ格来表示，只能用ニ格来表示。以上规则可以表示如下。

1. 使役者が　動作主を・に　自動詞の使役形
2. 使役者が　動作主に　　　他動詞の使役形

二、使役句的含义

在「子供が塾へ行く」这个自动词述语句中，加入引发动作发生的人物「親」的话，根据上面的分析，就能构成「親が子供を塾へ行かせた」「親が子供に塾へ行かせた」两种使役句。但是这两个使役句的意思是有差别的。其中的差别，我们可以通过补充上下文的方式来理解。比如说，孩子不愿意去补习班而父母逼着他去的时候，我们要说「親が嫌がる子供を塾へ行かせた」，而当孩子提出要去补习班，而父母允许他去的时候，我们要说「親が子供に子供の希望通りに塾へ行かせた」。也就是说，ヲ格表示一种强制或命令，而ニ格表示的是一种许可或放任。

而他动词的时候，如上面叙述的那样，因为只能用ニ格，所以此时表达的意思要通过真正的上下文才能判断出来。比如说下面的这个句子。

○子供にピアノを弾かせた。

如果孩子不喜欢练习钢琴的话，那么上面的这个句子就是表示「ピアノの練習をしなさい」这种强制命令的意思。而与之相反，如果孩子喜欢弹钢琴的话，那么上面的句子就是表示「ピアノを弾いてもよい」这种许可或者放任的意思了。再比如下面的两个句子。

1. 親が子供に教科書を読ませた。
2. 親が子供に漫画を読ませた。

上面两个使役句所表达的意思，可以通过「教科書」和「漫画」这两个词推断出来。从常识来判断，「教科書を読ませた」应该是父母对孩子的一种强制态度，而「漫画を読ませた」则有可能是父母对其的许可或放任。

下面我们通过「立てる」和「立たせる」这两个词来分析一下他动词和对应自动词的使役形式的区别。先看下面的几组句子。

○先生は塀に梯子を立てた。

　　×先生は塀に梯子を立たせた。

　　×先生は生徒を立てた。

　　○先生は生徒を立たせた。

　　其中「立てる」是他动词，而「立たせる」是自动词「立つ」的使役形式。两个句子的施动者都是老师，而施动的对象是像梯子这种没有自我意识的无生命物等的时候，不能用使役形式，而要用他动词。相反如果施动的对象是像学生这种有自我意识的有生命物等的时候，则一般不用他动词，而用使役形式。也就是说，施动者在他动词句中给予施动对象的"作用力"，与在使役句中给予施动对象的"作用力"是不一样的。前者中，施动者直接对施动对象发生作用，也就是说「立てる」这个动作不是梯子做的，而是老师做的。相反，后者的使役句中，施动者的"作用力"只是对施动对象发出了命令或指示，施动对象接到这个命令或指示后自己完成了「立つ」这个动作。而梯子是无论如何也无法完成的。

　　但是，需要注意的是，像下面的情况，即便施动对象是无生命物，但是也有使用使役句的时候。但是表达的意思却完全不一样。

　　○冷蔵庫でジュースを凍らせた。

　　○買いすぎて、野菜を腐らせた。

　　以上两个句子表示的是施动者没有对自动词产生的变化进行妨碍或制止，类似于旁观的态度。因此，与上面的强制命令，允许放任相对，这时的使役表示旁观。需要注意的是，此时的施动对象的格只能是ヲ格，而不能是ニ格。

　　综上所述，使役句根据上下文，施动对象的意识的有无等因素，可以表示强制指示，许可放任，也可以表示旁观等意思。

三、使役句的周边

　　在日语中，像「地震が老朽した建物を壊した」「台風が畑を荒らした」这样，以无生命物做主语的他动词句，以及其对应的被动句「老朽化した建物が地震によって壊された」「畑が台風によって荒らされた」，有时候会在小说或报纸等作为书面语的形式出现，但是在日常生活的口语中一般不会出现。

　　也就是说，在日常生活中，「地震」或「台風」等没有意识的无生命物一般不会作为他动词或者使役句的主语出现，而是以表示事件发生的原因理由等身

份，用デ格表示，出现在相应的自动词句中。比如「地震で老朽化した建物が壊れた」「台風で畑が荒れた」等。而对于那些无生命物也可以随意作主语的语言母语者来说，在使用日语的时候，就经常会出现像「×風が窓を開けた」这样的误用，原因也就在于此。

但是在日语中，同样是无生命物，当它是作为某种情感或心理的转变的原因时，则可以作为主语出现在使役句中。比如下面的句子。

〇孫の合格は祖父母を喜ばせた。

〇ペットの死が太郎を悲しませた。

〇事業の失敗が家族を困らせた。

上面出现的「孫の合格」「ペットの死」「事業の失敗」虽然是无生命的事物，但是作为「祖父母が喜ぶ」「太郎が悲しむ」「家族が困る」等心理感情变化的原因，可以作为主语出现。需要注意的是，此时的施动对象（应该是心理感情变化的经验者）的格只能是ヲ格，而不能是ニ格。

另外，在日语中，还存在由使役和被动相结合构成的语法项目，一般叫作使役被动句。比如「太郎は母親ににんにくを食べさせられた」「太郎は両親に塾へ行かせられた」「太郎は先生に本を読ませられた」「太郎は先生に漢字を書かせられた」「太郎は教室を掃除させられた」「太郎は午前六時に学校に来させられた」等，一般都是表示主语被迫做了不想做的事情。需要注意的是，强迫主语做事的人要用ニ格来表示。另外，在口语中，五段动词变成使役被动形式的时候，可以出现一些约音的现象，比如「行かせられた」→「行かされた」、「読ませられた」→「読まされた」、「書かせられた」→「書かされた」等。

专题4　语态——被动句

一、主动句和被动句

当你把"太郎打了次郎"这件事说给别人听的时候，你是说「太郎が次郎を殴った」，还是说「次郎が太郎に殴られた」呢?

无论哪一种说法都是对同一客观事实的描述，但是表达的说话人的立场却不同。如果你认为次郎理亏，太郎应该教训次郎一顿的话，那么你就会说「太郎が次郎を殴った」。相反，如果你认为太郎的行为属于一种暴力行为，而站在了同情次郎的立场上的话，那么你就会说「次郎が太郎に殴られた」。像这样，是从引起事态发生的一方进行描写（即主动句，比如「太郎が次郎を殴った」），还是从事态的承受者一方进行描写（即被动句，比如「次郎が太郎に殴られた」），这个的角度，就是接下来的几个专题将要介绍的"语态"这个语法范畴。而上面提到的主动句和被动句就是典型的两种语态。再重新理解一下，主动句聚焦于"某人引起了什么事态的发生"，而被动句关注的是"某人身上发生了什么"。

另外还有一个重要的概念，叫作视点。简单地说，视点是指说话人站在哪一方对事态进行描述。下面从视点的角度重新理解一下主动句和被动句。像「AがBを殴った」这样，打人的动作主体A作为ガ格主语，也就是将视点放在了打人的这一方，这样的句子叫作主动句；与此相对，像「BがAに殴られた」这样，将打人这个行为的承受者B作为ガ格的主语，也就是说将视点落在承受影响的一方上，这样的句子叫作被动句。

比如上面的例句，主动句「太郎が次郎を殴った」当中，说话人站在了太郎的角度上进行描述，也就是说，视点落在了太郎身上。相反，在被动句「次郎が太郎に殴られた」当中，说话人站在了次郎的角度上描述，视点也就落在了次郎的身上。

二、被动句的类型

这一节主要对日语的被动句进行分析。日语的被动句一般分为直接被动句、间接被动句和所有者被动句三种。下面我们将逐一进行分析。

1.直接被动句

日语的直接被动句有以下特点。

第一，直接被动句所描述的事态当中，存在着施动者和承受者两方，动作只限于他动词。

第二，像「次郎が太郎に殴られた」这样的句子，在对施动者和承受者的行为进行描述的时候，直接被动句是站在行为的承受者的视点上进行描述的。

第三，直接被动句都存在对应的主动句。基本对应关系如下。

主　动　句：AがBを他動詞（Aの視点からの描写）

直接被动句：BがAに他動詞の受身形（Bの視点からの描写）

第四，行为的承受者处于事态的内部。

我们还可以运用共感这个概念来理解主动句与被动句之间的区别。所谓的共感，就是说话人对事件登场人物的哪一方持有亲近感的问题。一般来说，说话人根据自己的共感对象，来决定自己的视点，并且说话人的视点都放在句子的主语上。

当然说话人对于登场人物的亲近感的程度并不是一样的。比如，面对自己的弟弟和一个陌生人，说话人当然会对自己的弟弟有更强烈的亲近感，因此在描述弟弟和一个陌生人之间发生的事情的时候，一般会把视点放在自己的弟弟身上，也就是说弟弟将成为句子的主语。因此，如果弟弟是施动者，陌生人是承受者的话，使用「弟が知らない人を殴った」这样的主动句是一点问题没有的。相反，如果陌生人是施动者，而自己的弟弟是承受者的话，说话人还会使用主动句吗？不言自明，一般不会说「？知らない人が弟を殴った」，而说成「弟が知らない人に殴られた」是比较自然的。因为说话人会站在有更为强烈的亲近感的弟弟的视点上进行描述。而「？知らない人が弟に殴られた」这样的句子，说话人把视点放在了一个并不亲近的陌生人的身上，因此听起了很不恰当。

因此，我们得出结论，说话人的视点依存于说话人对登场人物所持有的共感

上。也就是说，对于说话人来说越是亲近，就越容易将自己的视点放在他身上。关于共感的程度，有如下的排序。

話し手自身＞話し手の親族や友人＞第三者＞無生物

也就是说，当说话人自身作为行为的承受者参与到事件当中的时候，会对自身产生最为强烈的共感，一般来说会把自己作为被动句的主语。

另外，在直接被动句中，如果动作的承受者无法特定或者不必明示的时候，就会像下面的例句一样，不用在句子中体现出来。

○現在、日本語は世界各地で教えられている。

○そのミュージカルは日本でも上演された。

不言自明，那些无法特定或者不必明示的承受者，对于说话人来说，共感度是非常低的。

2.间接被动句

就在某个项目快要收尾的时候，一起工作的某个同事突然生病不能来上班了，而你一个人却很难按时完成任务，这个时候你可能会说「こんなときに休まれては困る」。也就是说，你使用了被动句的表达方式。首先这个被动句中的「休む」不是他动词，也不存在「×同僚が私を休む」这样对应的主动句，因此，这个被动句不是上面提到的直接被动句。而我们把这样的被动句叫作间接被动句。直接被动句在包括汉语在内的绝大多数语言当中都普遍存在，在日语教育中一般不存在问题，但是间接被动句却可以说是日语中的一个另类，在日语教育中容易出现问题。下面我们多列举几个间接被动句的例子。

○せっかくの旅行が、雨に降られて散々だった。

○夕べ子供に泣かれて眠れなかった。

○ペットに死なれて元気がない。

○レストランで隣の客にタバコを吸われて食事がまずくなった。

如上所示，四个例句皆为间接被动句。前三个句子中的动词为自动词，最后一个句子中的动词为他动词。日语中，自动词也可以变成被动形式，并且他动词也可以用在间接被动句中，这些都是日语学习上的难点。

那么日语的间接被动句到底表示了怎样的一种事态呢？我们接着就上面的四

个例句进行讨论。

〇旅行中に雨が降ったことから誰かが影響をこうむった。

〇子供が泣いたことが影響して誰かが眠れなかった。

〇ペットが死んだことが精神的に影響して誰かが元気をなくした。

〇レストランで隣で居合わせた客がタバコを吸ったことが影響して誰かが食事を楽しめなかった。

上面的四个例句都可以理解为，由于某种事态的发生，使得本来处于事态之外的某个人受到了影响。也就是说，跟上面的直接被动句不同，行为的承受者不是处于事态的内部，而是处于事态的外部。

综上所述，处在事态外部的人受到了事态结果的影响，成为行为的承受者，并且说话人将视点放在了这个承受者身上对事态进行描述，这样的被动句就是间接被动句。需要重申一点，间接被动句没有对应的主动句。

正是由于本来不处于事态之中的人都成为事态行为的承受者，足以见得此事态对于处在事态之外的承受者产生多大的影响，带来多大的不快。因此，间接被动句是说话人站在事态外的某个人的视点上，感受着该事态给该人带来的麻烦、不快等的被动句。

3.所有者的被动句

从学习者的口中经常能听到「？私の財布が盗まれました」「？私の足が踏まれました」这样不自然的日语。如果是日语母语者的话，会使用「財布を盗まれました」「足を踏まれました」这样的被动句。这样的被动句被叫作所有者的被动句。下面举几个所有者被动句的例子。

〇満員電車で誰かに足を踏まれて背中を押された。

〇兄が誰かに財布を盗まれた。

〇妹が誰かに車を壊された。

〇太郎が通りすがりの男に頭を殴られた。

〇山田が子供を誘拐された。

那么以上这些所有者被动句跟前面提到的直接被动句以及间接被动句有什么区别呢。

首先，上面的被动句是否存在某种形式的主动句。

○誰かが私の足を踏み、私の背中を押した。

○誰かが兄の財布を盗んだ。

○誰かが妹の車を壊した。

○通りすがりの男が太郎の頭を殴った。

○誰かが山田の子供を誘拐した。

　　如上所示，它们存在「Aが［BのC］を他動詞」这种形式的主动句。但是如果把它们变成直接被动句的话，又有不合适的地方。比如看B和C的关系，既有像"脚""后背""头"等与所有者不可分离的身体一部分，也有像"车""钱包"等与所有者可以分离的名词。那么试着把这些句子变换成直接被动句的话，与所有者不可分离的句子可以变成「兄の財布が盗まれた」「妹の車が壊された」「山田の子供が誘拐された」等直接被动句，但是与所有者可以分离的名词变成「？私の足が踏まれた」「？太郎の頭が殴られた」这样的直接被动句的话，就很勉强。

　　另外，从行为的承受者是否参与到发生事态，即承受者是否在事态内部这个角度来分析一下所有者被动句和间接被动句之间的关系。在间接被动句中，承受者是完全处在事态之外的。而在所有者被动句中，如果说承受者完全处在事态之外的话，他的身体的一部分或者其他的所有物还在事态里面直接承受着事态中的行为。但是如果说承受者完全处在事态之内的话，直接承受事态行为的也只是他的身体的一部分或者是其他的所有物。因此可以说所有者被动句是介于直接被动句和间接被动句之间的另外一种被动句形式。

　　综上，对日语中的三大类被动句进行了对比分析。第一种直接被动句在很多语言中都存在的，因此不足为奇。但是后两种被动句，则可以说是日语中的特例，是日语学习中的一个重点和难点，需要大家注意学习理解。

专题5 常用接续词

一、顺接接续词

■ ですから/だから　　因此，所以
　　○午後から雨らしいです。ですから傘を持っていったほうがいいですよ。
　　○彼は約束を守らない。だから人に信用されない。

■ それで　　因此，因而，所以
　　○昨日は飲みすぎた。それで今日は二日酔いだ。
　　○天候が悪い。それで明日の登山は中止になった。

■ そのため　　为此，因此
　　○JRで事故があった。そのために電車が遅れている。
　　○子供のごろ、体が弱かった。そのため、父は私に水泳をさせた。

■ その結果　　结果
　　○毎日練習した。その結果、スキーが上手になった。
　　○安全管理を怠った。その結果、大事故が発生した。

■ したがって　　因此，因而，从而
　　○本日は上原教授はお休みです。従って休講にします。
　　○喧嘩両成敗という。従って君も彼に謝るべきだ。

■ それから　　然后，其次，后来
　　○お風呂に入った。それからビールを飲んで寝た。
　　○最初に砂糖、それから塩を入れてください。

■ そこで　　便，于是，那么
　　○玄関ノベルが鳴った。そこで私はドアを開けた。
　　○A：「彼女、賛成してくれた？」
　　　B：「ううん、そこでちょっと君に相談があるんだ。」

■ その節　　那时，那次

　○A：「久しぶりですね。」

　　B：「その節はいろいろお世話になりました。」

　○A：「その節は息子がご迷惑をおかけいたしまして。」

　　B：「いいえ、どういたしまして。」

■ では/じゃ　　那么，那就，那么

　○A：「そんなやり方ではだめだ。」

　　B：「では、どうすればいいんですか。」

　○じゃ、お先に失礼します。

■ それでは/それじゃ　　那么，那就，要是那样

　○A：「暑いね」

　　B：「それじゃ、クーラーをつけよう」

　○事情は分かりました。それでは私が何とかしましょう。

■ すると/そうすると　　于是，于是乎，那么

　○カーテンを開けた。すると/そうすると外は雪が降っていた。

　○スイッチを押した。すると/そうすると突然サイレンが鳴り出した。

■ それなら　　如果那样，要是那样

　○それならそうと、最初に言ってくれればよかったのに。

　○A：「道路が渋滞だそうだ。」

　　B：「それなら電車で行こう。」

■ だったら　　如果那样，要是那样

　○食べないの？だったら僕がもらうよ。

　○A：「頭痛がひどくてね。」

　　B：「だったら医者に見てもらったら？」

■ とすると/とすれば　　那么，如果那样，这样看来

　○A：「バスではもう間に合わないよ。」

　　B：「とするとタクシーしかないね。」

　○A：「雨は明日もやまないらしいよ。」

　　B：「とすれば明日の運動会は中止だね。」

二、逆接接续词

■ しかし　　但是，然而，可是
　　○兄は勉強は良くできる。しかし、スポーツは全然だめだ。
　　○物価は上がったが、しかし給料は少しも上がらない。

■ けれど/けれども　　但是，然而
　　○この製品は安い。けれども品質が悪い。
　　○英語は読めることは読める。けれども、うまく話せないんだ。

■ でも　　可是，不过
　　○和食は好きです。でも納豆はまだ食べられません。
　　○いい人だと思うよ。でも、ちょっと頼りないね。

■ だけど　　但是，不过
　　○そのパソコンを買いたい。だけどお金が少し足りない。
　　○勝てる自信はない。だけど、どうしてもあのチームと戦ってみたいんだ。

■ だが　　但是，可是
　　○10時に会う約束をした。だが彼は来なかった。
　　○確かに値段は高い。だが、高いものはやはり性能がいい。

■ ところが　　然而，可是，没想到
　　○彼はいかにも強そうに見えた。ところが簡単に負けてしまった。
　　○順調に進んでいるかに思えた。ところが、実際はそうではなかったのだ。

■ それが　　可是
　　○午前中は晴れていた。それが午後から急に雨が降り出した。
　　○A：「試験はうまくいった？」
　　　B：「それが、さっぱりだめだったんだ。」

■ それどころか　　哪里谈得上，哪里是
　　○A：「彼女、独身かい？」
　　　B：「それどころか子供が三人もいるよ。」
　　○A：「先生に叱られた？」
　　　B：「ううん、それどころか、褒めてくれたよ。」

■ それなのに　　　尽管那样，虽然那样

○もう四月だ。それなのにまるで冬のような寒さだ。

○薬も飲んだし、注射も打った。それなのに熱が少しも下がらない。

■ にもかかわらず/それにもかかわらず　　　尽管那样，虽然那样

○彼は肝臓が悪い。それにもかかわらず、一向に酒を止めようとしない。

○試験が近い。にもかかわらず遊んでばかりいる。

■ そのくせに　　尽管那样，虽然那样

○彼は音痴だ。そのくせにカラオケでマイクを握ったら離そうとしない。

○彼は金持ちだ。そのくせに寄付を頼むといつも断る。

■ それにしては　　　那么说，作为……来说倒是

○君、本当に小学生なの？それにしては大きいねえ。

○A：「木村君は大学生だそうだ。」

　 B：「それにしては漢字を知らないねえ。」

■ そのわりに/そのわりには　　　那么说，作为……来说倒是

○彼は体は大きいが、そのわりに力がない。

○スキーは初めてだと聞いているが、そのわりには上手だね。

■ それでも　　即使那样，尽管那样

○そこは非常に危険な場所です。それでも行くんですか。

○A：「彼女はまもなく結婚するんだよ。」

　 B：「それでも彼女のことが諦められないんだ。」

■ それにしても　　即使那样，话虽如此

○A：「彼女、ファッションモデルなんだ。」

　 B：「そう？それにしてもスタイルがいいね。」

○A：「ここ、東京で一番有名な中華料理店なんだ。」

　 B：「それにしても高すぎない？」

■ かといって　　即使那样

○A：「あんなやつ、大したことはないよ。」

　 B：「かといって油断しない方がいいよ。」

○僕もやりたくない。かといって上司の命令に逆らうわけにもいかない。

三、添加选择接续词

- そして　　　而且，于是

  ○とても明るく、そして聡明な女性だった。

  ○秋葉原の電気街に行き、そして、もう廃盤になったこのレコードを見つけた。

- 及び　　　和，及，以及

  ○この劇場内では飲食、及び喫煙は禁止されている。

  ○この組織の運営管理の責任は、一切、君に任せる。

- 並びに　　　和，及，以及

  ○ここに住所、氏名、並びに電話番号を記入してください。

  ○荷物の受け取りには、印鑑並びに身分を証明するものが必要です。

- しかも　　　而且，并且

  ○この靴は軽くて、しかも丈夫だ。

  ○納豆は安くて、しかも栄養が豊富だ。

- それに　　　而且，更兼

  ○この店の料理は安いし、それにとても美味しい。

  ○せきもひどいし、それに熱もある。

- その上　　　又，加上

  ○雨が降り出し、その上風も吹き出した。

  ○彼は成績がいい、その上スポーツも万能だ。

- それから　　　还有，然后

  ○パソコンが欲しい。それから車も欲しい。

  ○準備してほしい物は水筒とお弁当、それから万一のときのための雨具もね。

- また　　　又，并且

  ○彼は政治家であり、また小説家でもある。

  ○彼女は妻としても、また母としてもすばらしい女性だ。

- 且つ　　　而且，同時

163

○東京は日本の政治の中心地であり、且つ経済の中心地でもある。

○この小説は面白く、且つ教訓に富んでいる。

■ おまけに　　又加上，更加上

○あの男はけちで、おまけに冷酷だ。

○彼は頑固で、おまけにうぬぼれが強いそうだ。

■ そればかりか　　又加上，更加上

○A：「盗まれたのはお金ですか。」

　B：「そればかりかパスポートもなくなっています。」

○子供はもちろんですが、そればかりか大人もテレビゲームに夢中です。

■ それとも　　还是，或者

○コーヒーにしますか。それとも紅茶にしますか。

○A：「ねえねえ、あの人、男？それとも女？」

　B：「さあ、よく分からないねえ。」

■ または　　或者，或是

○ボールペンか、または万年筆で記入してください。

○電話、またはファックスで申し込むことができます。

■ あるいは　　或者，或是

○京都へ行くにはバス、あるいは新幹線が便利です。

○泣いても、あるいは叫んでも、助けに来てくれる人なんていないよ。

■ もしくは　　或者，或

○日本語、もしくは英語でサインしてください。

○山沿いの地方は雨、もしくは雪になるでしょう。

■ ないし/ないしは　　或者，或，到

○応募資格は大学卒業者、ないしはそれに順ずる者とする。

○完成までには五ヶ月ないし半年ぐらいかかるでしょう。

四、补足转换接续词

■ それで/で　　后来，然后

○A：「昨日が合格発表の日だったんだ」

○B：「それで、どうだった？」

○A：「部長から大阪支社に行ってくれないかと言われてね」

　　B：「で、どう答えたの？」

■ それから　　后来，然后

○ねえ、それからどうしたの？

○A：「その会社の担当者と会って相談したんだが」

　　B：「それから？」

■ ただし　　但是，可是

○いくら食べても1000円です。ただし、制限時間は一時間です。

○明日、マラソン大会を行う。ただし、雨天の場合は中止する。

■ もっとも　　不过，话虽如此

○今度の研修会には全員参加してください。もっとも、病気などの場合は別です。

○君の行為は退学処分に相当する。もっとも、君がきちんと反省すれば学校としても考慮するが。

■ ただ/ただし　　不过，可是

○確かに品質がいい。ただ/ただし、ちょっと高いねえ。

○遊びに行ってもいいよ。ただ/ただし、夕飯までには帰っていなさい。

■ なお　　再者，另外

○事件の経緯は以上述べたとおりです。なお、詳細は資料を参照してください。

○では、ご家族の皆様によろしく。なお、写真を同封しましたのでご覧ください。

■ 因みに　　順便，附帯

○今日はごみの日ではありませんよ。因みに、燃えるごみの日は水曜日です。

○上原教授をご紹介します。因みに、教授は本校の卒業生であります。

■ なぜなら　　因为，原因是

○今は公表できない。なぜなら、まだ重役会で検討中だからだ。

○彼と闘うのは止めたほうがいい。なぜなら、今の君では勝てないからだ。

■ というのは　　因为

○悪いが、今夜は付き合えない。というのは今日は結婚記念日なんだ。

○今、手持ちのお金がないんだ。というのは給料前だからね。

■ だって　　因为，可是

○A：「どうしても食べないの？」

　B：「だって、美味しくないんだもん。」

○A：「一緒に行こうよ。」

　B：「嫌だよ。だって、いってもつまらないんだもの。」

■ ところで　　可是，这个

○もうすぐ今年も終わるね。ところで、正月は田舎へ帰るの？

○鍋物の季節になりましたね。ところで、今夜あたり、空いていますか。

■ さて　　那么，却说

○これで今日のニュースは終わります。さて、明日の天気です。

○さて、本日お便りいたしましたのは、実は…

■ そう言えば　　那么来说，那么一说

○A：「卒業して、もう三年になるね。」

　B：「うん、そうだね。そう言えば、田中先生、お元気だろうか。」

○A：「彼女、来春、結婚するそうだ。」

　B：「そう言えば、最近生き生きしてるね。」

■ それはそうと　　另外，顺便说

○今年は寒いですね。それはそうと、娘さん、もうすぐ受験じゃありませんか。

○今度、転勤になるんだが、それはそうと、君に相談したいことがあってね。

■ それはさておき　　那个暂且不提

○それはさておき、本題に入ろう。

○相変わらず、僕の方は貧乏暇なしだ。それはさておき、君の方、仕事は順調？

■ それはともかく　　姑且不论，不管怎么样

　　○いろいろ話したいこともあるが、それはともかく、用件を先に済まそう。

　　○彼が賛成してくれるかどうか、それはともかく、本人に会って頼んでみよう。

■ つまり　　也就是说，就是

　　○日本の首都、つまり東京では、都心の地価も下がる傾向にある。

　　○このパソコンが良く売れるのは、つまり、軽くて、持ち運びに便利だからだ。

■ 即ち　　即，即是

　　○日本国の基本法、すなわち日本国憲法の第9条改正問題が再燃している。

　　○結婚とは、すなわち、家庭を築くということだ。

■ 要するに　　总之，总归

　　○要するに、君はこのプランに反対なんだね。

　　○君の言いたいことは、要するに何だい？もっと結論をはっきり言えよ。

■ いわゆる　　所谓的

　　○学校に行けない子、行きたくない子、いわゆる不登校児は増え続けている。

　　○いわゆる天才というのは、常識に縛られないで自由に発想できる人のことだ。

专题6 常用副词

一、程度、数量副词

❖ さんざん　　狠狠地，深深地

〇カンニングして、先生に散々叱られた。

〇さんざん人に迷惑を掛けておいて、謝ろうともしない。

❖ はなはだ/はなはだもって　　非常，极其

〇店先に車を止められては、はなはだ迷惑だ。

〇このような歴史教科書を日本政府が認めるとは、はなはだもって遺憾だ。

❖ むやみに　　胡乱，过分

〇むやみに木を伐採してはいけない。

〇安いからといって、むやみに買い物をするな。

❖ やたら　　胡乱，过分

〇みんな落ち着け。やたらと騒ぐな。

〇証拠もないのに、やたらと人を犯人扱いしてはいけない。

❖ とても　　很，非常

〇この薬はとてもよく効く。

〇アルバイトが見つからず、とても困っています。

❖ 大変　　非常，很

〇大変困ったことになりました。

〇今度の作文、大変よく書けていますよ。

❖ さすが　　真不愧是，到底是

〇さすがに銘酒と言われるだけあっておいしい。

〇さすがの名選手も、やはり年齢には勝てないようだね。

❖ ずいぶん　　很，相当

○ずいぶん日本語が上達したねえ。

○それはずいぶん昔の話です。

❖ 実に　　実在，真

○これは実にすばらしい作品だ。

○研究すること実に10年、ついに新技術の実用化にこぎつけた。

❖ 非常に　　非常

○こんなことになって、非常に残念だ。

○これは非常に貴重な文化財です。

❖ きわめて/ごく　　极其

○これはきわめて/ごく残酷で許しがたい犯罪です。

○工事はきわめて/ごく順調に進んでいます。

❖ 大いに　　很，甚

○さあ、今日は大いに飲もうじゃないか。

○成功の可能性は大いにある。

❖ たいそう　　很，甚

○今度の新製品はたいそう評判がいい。

○その会社は経営がたいそう厳しいという話だ。

❖ 誠に　　実在，真

○このたびは誠にありがとうございました。

○誠に光栄の至りでございます。

❖ まったく　　完全，実在，真

○君の意見に全く同感だ。

○全く彼には困ったものだ。

❖ 十分　　十分，充分

○今からでも、十分間に合う。

○老後に備えて十分な準備をしておいたほうがいいよ。

❖ たっぷり　　充分，足够

○まだ時間はたっぷりあるから、焦ることはない。

○彼は自信たっぷりの様子だった。

❖ みっちり　　充分地，好好地

○みっちりと弟子に芸を教え込む。

○夏休みはみっちり勉強するんだね。

❖ なかなか　　很，颇

○この作文はなかなか良く書けている。

○彼はなかなかのやり手だよ。

❖ かなり　　相当，很，颇

○彼はかなり生活に困っているようだ。

○先の津波では、かなりの損害が出た。

❖ 相当　　相当，颇

○今回のことでは、彼も相当ショックをうけたらしい。

○彼は損害賠償のために、相当な金額を被害者に支払った。

○地震の被害者は相当の数に上る模様です。

❖ だいぶ　　很，颇，相当

○おかげさまで、病気もだいぶ良くなりました。

○だいぶ寒くなってきましたね。

❖ けっこう　　相当，蛮好

○食べてごらん。これ、けっこうおいしいよ。

○このパソコンは古いけど、まだけっこう役に立つ。

○こんな豪邸に住めるなんて、けっこうなご身分だこと。

❖ 案外　　意外，意想不到

○昨夜の映画、案外面白かったね。

○勉強しなかった割には、案外いい成績だった。

❖ 割合/割りに　　比較

○素人が作ったにしては、割りに良くできている。

○心配してたけど、彼女、割合元気だったよ。

❖ 少し/ちょっと/少々　　一点儿，有点儿

○英語は少し/ちょっと/少々なら分かります。

○その考えはちょっと/少し/少々おかしいと思います。

○少々のことで音を上げるな。

❖ まあまあ　　还可以，还算

○今の給料でもまあまあ暮らしていける。

○それほど良くはないけど、まあまあの出来だね。

❖ いくらか/多少　　一点儿，有点儿

○少し休んだら、いくらか/多少気分も良くなりました。

○中国語もいくらか/多少話せます。

○田舎に住むのだから、いくらか/多少の不便は辛抱するしかない。

❖ まずまず　　还可以，还算不错

○この製品はまずまずの売れ行きです。

○品質はまずまずだが、ちょっと値段が高すぎる。

❖ やや　　稍微

○この料理、ややしょっぱいよ。

○雨もやや小降りになりました。

❖ 全部　　全部，全体

○彼はお金が入ると、全部、競輪・競馬に使ってしまう。

○戦争で家族も財産も何もかも全部失った。

○このクラスの全部の人が、彼のわがままに迷惑している。

❖ みな/みんな/どれも/全て　　全体，大家

○どのパソコンも、みな/どれも/すべて品質に大差ありません。

○みな/みんな集まってください。

○みんなの意見はよく分かった。

❖ すっかり　　全部，全都

○ごめん、すっかり忘れていた。

○親友にすっかり悩みを打ち明けた。

❖ 一切　　一切，全部

○一切の責任は私が負う。

○その件については、私は一切知りません。

❖ ことごとく　　所有，一切

○やることなすこと、ことごとく失敗した。

○会員のことごとくが林氏の会長就任に反対した。

❖ 全て　　所有，一切

○必要なものは全てそろっている。

○これで問題は全て解決した。

○全ての責任は私にある。

❖ そっくり　　全部，完全

○この絵は私の作品をそっくり真似ている。

○彼はなくなるとき、財産をそっくり福祉施設に寄付した。

❖ 残らず　　全部，不剩

○クラスのメンバーは一人残らず大学に合格した。

○犯人は余罪についても残らず自供した。

❖ たくさん　　很多

○どうぞたくさん召し上がってください。

○お説教はもうたくさんだ。

○私はこれまでたくさんの失敗を重ねてきた。

❖ いっぱい　　満，全部

○僕が着いたときは、もう会場は人でいっぱいだった。

○今月いっぱい、出張で東京を離れます。

○コンサート会場は、いっぱいの人で溢れた。

❖ うんと　　很，多

○うんと勉強して、立派な人になるんですよ。

○昨夜はうんと寝たから、今日はとても調子がいい。

❖ せいぜい　　充其量，顶多

○その時計は高くてもせいぜい2万円といったところだろう。

○まあ、君もせいぜい頑張るんだね。

❖ わずか　　仅，少

○残り時間はわずかしかない。

○会場には、わずか4、5人しか集まっていなかった。

❖ たかが/たかだか　　不过是，至少

　　○たかが失恋したぐらいで、めそめそ泣くんじゃないよ。

　　○たかが/たかだか5000円ぐらいのお金で、ぎゃあぎゃあ言うな。

❖ 最も　　最

　　○クラスの中では、彼が最も会話力が優れている。

　　○果物の中で最も好きなのはバナナです。

❖ 何より/何よりも　　比什么都好，再好不过

　　○何よりも健康が第一です。

　　○僕は何よりラーメンが大好物です。

　　○誰よりもあなたが好きです。

　　○どこよりも家が一番落ち着きます。

　　○どんな料理よりも、母の手料理が一番です。

❖ もっと　　更

　　○もっとはっきり言いなさい。

　　○もっと頑張れば、東大合格も夢ではないよ。

❖ 一層　　更加

　　○雨は夕方になると一層強くなった。

　　○君が志望校に合格するには、より一層の努力が必要だ。

❖ 更に　　更加

　　○君は以前に比べて、更に日本語が上達したね。

　　○更に指摘したいことがあります。

❖ なお/なおさら　　更加，愈发

　　○するなと言われたら、なおさらしたくなる。

　　○そんなことをしたら、事態はなお/なおさら悪くなる。

❖ より　　更加

　　○人々の暮らしはより豊かになった。

　　○わが社はよりよく、より安く商品を提供することをモットーとしている。

❖ まして/いわんや　　更何况

　　○僕でさえできなかったのに、まして/いわんや君にできるはずがない。

〇平日でもその店は込むのだから、まして週末は一時間並んでも入れないよ。

❖ 余計に　　更加，格外

〇今回の試験はいつもより余計に勉強したので、自信がある。

〇見るなと言われたら、余計に見たくなるものだ。

❖ 特別に　　特別，格外

〇今日は特別に閲覧を許可する。

〇特別変わったことはありません。

❖ 特に　　特別，格外

〇今年の夏は特に暑いねえ。

〇特にこの点については強調しておきます。

❖ とりわけ/わけても　　特別，尤其

〇彼はとりわけ/わけても数学が優れている。

〇教え子の中でも、とりわけ君に期待している。

❖ ことに/ことのほか　　特別，分外

〇日本の物価が高いが、ことに/ことのほか家賃が高い。

〇このあたり、夜はことに/ことのほか静かだねえ。

❖ とにかく　　无论如何

〇買うか買わないかはともかく、とにかく一度この製品を使ってみてください。

〇とにかく一口お召し上がりになってください。

❖ 何はさておき　　其他暂且不提，首先

〇何はさておき、まず食事にしよう。

〇受験も近い。今は何はさておき勉強だ。

❖ 何はともあれ　　无论如何

〇何はともあれ、一度彼に会ってみよう。

〇何はともあれ、みんな無事でよかった。

❖ いずれにしても/いずれにせよ　　总之，不管怎么样

〇いずれにしても/いずれにせよもう一度話し合おう。

○いずれにしても/いずれにせよ約束した以上、守らなければならない。

❖ やむなく/やむを得ず　　不得已

○天候が崩れたので、登頂を諦め、やむなく下山した。

○反省の色が見えないため、やむを得ず彼を退学処分にした。

❖ 良かれ悪しかれ　　不管好歹，或好或歹

○良かれ悪しかれ、会社決定である以上、やるしかない。

○良かれ悪しかれ、明日になればすべてが分かる。

❖ むしろ　　不如

○最近では電気製品は修理するより、むしろ新しく買った方が安い。

○彼女は美人というより、むしろかわいいといった方がいいだろう。

❖ どちらかといえば/どちらかというと　　说起来，算是比较

○彼はどちらかといえば、おとなしい性格です。

○刺身は、どちらかというと、あまり好きではありません。

❖ いっそ　　干脆，索性

○あなたに会えないぐらいなら、いっそ死んでしまいたい。

○一人で悩むより、いっそ何もかも僕に話してみたらどうですか。

❖ いやいや　　勉勉强强，不情愿

○いやいや勉強しても身に付かない。

○教師に頼まれ、いやいや学級委員を引き受けた。

❖ しぶしぶ　　勉强，不情愿

○市民に迫られて、市当局はしぶしぶ同意書にはんこを押した。

○けちな彼はしぶしぶ1000円を寄付した。

❖ 一応　　姑且，暂且

○君の言い分も一応聞いておこう。

○一応彼に話は伝えておいたが、あまり乗り気ではなさそうだった。

❖ ともかく　　且不说，姑且不论

○会社にはいないかもしれないが、ともかく彼の家に行ってみよう。

○買うか買わないかはともかく、一度お試しにお使いになってみてください。

❖ ともあれ　　姑且不论，无论如何

　○理由はともあれ、無断欠勤は許されない。

　○できるかどうかはわかりませんが、ともあれやってみましょう。

❖ とりあえず　　暂且，姑且

　○とりあえず、飲み物を注文しましょう。

　○とりあえず、近況をお知らせ申し上げます。

❖ ひとまず　　暂且，姑且

　○ひとまず会社に帰って、今後の対策を考えよう。

　○後日連絡いたしますので、ここはひとまずお引取りいただけませんか。

二、陈述副词

❖ 必ず　　一定

　○どんなことがあっても、必ず行きます。

　○必ず約束は守ります。

❖ もちろん　　当然

　○私もちろん行きますよ。

　○商売はもちろん信用が第一です。

❖ 確かに　　确实

　○確かにお手紙を受け取りました。

　○これは確かに私のものです。

❖ 決まって　　一定

　○この季節には決まって大雪が降ります。

　○彼は試験のあるには、決まって学校を休みます。

❖ まさに/まさして　　正是

　○これこそまさに/まさして好機です。

　○まさに/まさして、おっしゃるとおりです。

❖ 何も/何一つ　　什么也不

　○当時のことは、何一つ覚えていません。

　○今は何も話したくないんです。

❖ 少しも/ちっとも　　一点也不

　○今日の講義は少しも/ちっとも分からなかったです。

　○せっかく作ったのに、夫は少しも/ちっとも食べてくれません。

❖ 一度も　　一次也不

　○彼女は一度も笑ったことがない。

　○友との約束は今まで一度も破ったことはない。

❖ 決して　　絶対不

　○性能から言って、このパソコンは決して高くありません。

　○試合は最後まで、決して諦めてはいけません。

❖ 全然　　完全不

　○あんな男には全然関心がありません。

　○お金はもう全然残っていません。

❖ 全く　　完全不

　○全く話になりませんでした。

　○今日の試験は全くできませんでした。

❖ さっぱり　　完全不

　○何のことか、さっぱり分かりません。

　○筆がさっぱり進みません。

❖ まるっきり　　完全不

　○まるっきりだめです。

　○彼のことはまるっきり知りません。

❖ どうも　　総覚得不

　○君の考えがどうも理解できません。

　○何度もやってみたがどうもうまくいきません。

❖ 一向に　　完全不

　○気が焦るが、作業は一向に進みません。

　○私のほうは一向に構いません。

❖ 何ら　　没有任何的，丝毫也没

　○こんなことをしても、何ら得るところがありません。

○私はこの事件とは何らの関係もありません。

❖ 夢にも　　做梦也没

○こんなことになるとは、夢にも思いませんでした。

○彼がそんなに有名な人とは、夢にも知りませんでした。

❖ ゆめゆめ　　千万不要，绝不要

○今日の警告を、ゆめゆめ忘れるな。

○日々の努力をゆめゆめ怠ってはいけません。

❖ あまり　　不怎么

○麺類はあまり好きではありません。

○サッカーにはあまり興味はありません。

❖ 大して　　没什么

○試験は大して難しくありません。

○彼が反対したとしても、大して影響はありません。

❖ それほど/さほど　　没那么

○それほど/さほど重要な問題ではありません。

○彼がいなくても、それほど/さほど困りません。

❖ 必ずしも　　未必

○強者が必ずしも勝つとは限りません。

○高い物が必ずしもいい物とは言えません。

❖ ろくに/ろくろく　　不是很好地，没有充分地

○うちの子は、ろくに勉強もしません。

○最近はろくろく休む暇がありません。

❖ 別に/別段　　并无

○別に/別段言うこともありません。

○彼が協力してくれなくても、別段/別に困りません。

❖ 一概に　　不能一概

○飲酒が一概に悪いとは言えません。

○一概にそうとも言い切れませんよ。

❖ あながち　　未必

178

○彼の考えは、あながち間違いでもありません。

○その方法もあながち悪いとは言えません。

❖ まんざら　　并非完全，未必一定

○まんざら嘘でもなさそうです。

○まんざら嫌でもない様子でしたよ。

❖ なかなか　　怎么也不

○人の名前がなかなか覚えられません。

○タクシーがなかなか捕まらなくて困りました。

❖ とても/到底　　无论如何不能，怎么也不能

○僕にはとても/到底信じられない。

一瞬間で仕上げろなんて、とうてい/とても無理だ。

❖ 多分　　大概

○多分待っても彼女はもう来ないでしょう。

○彼に任せれば多分大丈夫でしょう。

❖ 恐らく　　恐怕

○フランスのサッカーチームに勝つのは恐らく日本には無理でしょう。

○敵も恐らくこちらの動きを知っているでしょう。

❖ きっと　　一定

○君なら、やればきっとできるはずです。

○彼のことだから、きっと遅れてくるに違いありません。

❖ おおかた　　大概

○おおかたそんなことだろうと思いましたよ。

○今度の連休はおおかた雨でしょう。

❖ まさか　　难道，绝不，不会吧

○まさか私を騙しているんじゃないでしょうね。

○まさか彼が負けるとは思いませんでした。

❖ よもや　　未必，不至于，难道

○よもやそんなことはあるまい。

○よもや彼が我々を裏切るようなことはあるまい。

❖ もしかすると/もしかしたら/もしかして　　也许，或许

　○もしかすると/もしかしたら/もしかして転勤になるかもしれません。

　○もしかすると/もしかしたら/もしかして彼の話は事実かもしれません。

❖ ひょっとすると/ひょっとしたら/ひょっとして　　也许，或许

　○ひょっとすると/ひょっとしたら/ひょっとして雨になるかもしれません。

　○ひょっとすると/ひょっとしたら/ひょっとして嘘がばれたかもしれません。

❖ あるいは　　或许

　○あるいは彼が詳しい事情を知っているかもしれません。

　○今日の夕方あたり、あるいは台風が上陸するかもしれません。

❖ 今にも　　马上，眼看着

　○彼女は今にも泣き出しそうな顔でした。

　○今にも雨が降り出そうな雲行きですね。

❖ まるで　　简直就像

　○まるで水を打ったような静けさです。

　○その娘はまるで蝶のように軽やかに踊った。

❖ あたかも　　简直就像

　○今日はあたかも春のような暖かさです。

　○あたかも自分が見てきたかのように話します。

❖ いかにも　　的确，实在

　○いかにも彼が言いそうなことですね。

　○いかにも学者らしい話し振りです。

❖ さも　　实在，仿佛

　○父はさも嬉しそうに笑いました。

　○彼はさも得意げに、東大卒であることを語りました。

❖ どうやら　　仿佛，多半

　○どうやら風邪を引いたらしい/ようです。

　○どうやら明日は晴れそうですね。

❖ どうも　　似乎，总觉得

○どうも会社の経営が厳しいらしい/ようです。

○どうも道に迷ったらしい/ようです。

❖ 確か　　大概，也许，记得

○確か貯金通帳は箪笥の中だったと思います。

○その事件が起こったのは確か20年前のことでした。

○確かあなたは林さんとおっしゃいましたね。

❖ てっきり　　一定，必定

○僕は彼女の話はてっきり冗談だと思っていましたが、本当でした。

○てっきり林さんだと思って声をかけたら、人違いでした。

❖ もう少しで　　差一点儿

○もう少しで階段から落ちるところでした。

○もう少しで車にひかれるところでした。

❖ 危うく　　差一点儿

○危うく自転車とぶつかりそうになりました。

○危うく終電に乗り遅れるところでした。

❖ すんでのところで/すんでのことに/すんでのことで　　差一点儿

○すんでのところで/すんでのことに/すんでのことで溺れて死ぬところでした。

○すんでのところで/すんでのことで/すんでのことに前の車に追突しそうになった。

❖ よほど　　差一点儿

○よほど注意しようと思ったが、我慢しました。

○別れた妻の写真など、よほど捨てようと思いましたが、捨てられませんでした。

❖ なんと　　多么

○なんと今日は寒いんでしょう。

○なんと恥知らずな人なんでしょう。

❖ どんなに/どれほど　　多么

○どんなに/どれほど悔しかったことでしょう。

○どんなに/どれほどあなたのことを心配したことか。

❖ よほど　　相当

○よく寝ていますね。よほど疲れていたのでしょう。

○あんなに震えているところを見ると、よほど怖かったに違いありません。

❖ さぞ/さぞや/さぞかし　　想必

○長旅で、さぞ/さぞかしお疲れのことでしょう。

○合格おめでとう。さぞ/さぞやご両親もお喜びのことでしょう。

❖ よく/よくも　　竟敢，真好意思

○よくこんなに食べたものですね。

○よくもそんな嘘が言えたものです。

❖ どうして/なんで　　怎么能

○そんなことをしやがって、なんで/どうして許されるでしょうか。

○あんな嘘つきの言葉が、どうして信じられようですか。

❖ 一体　　到底，究竟

○一体これはどういうことですか。

○一体彼女はどこに行ったのでしょう。

❖ 果たして　　果真，到底，究竟

○彼は自殺したが、果たして彼に何があったのでしょうか。

○果たして事実が報道されているとおりかどうか、慎重に見守る必要があります。

❖ もし　　如果，假如

○もし困ったことがあったら、ここに連絡してください。

○もしご都合がよろしければ、今夜お食事でもご一緒にいかがですか。

❖ もしも　　万一，假如

○もしも私に羽があるなら、今すぐあなたのところに飛んで行きたいです。

○私にもしものことがありましたら、家族のことはよろしく頼みます。

❖ 仮に　　假設，假定

○仮に君が僕の立場でしたら、どうしますか。

○仮にそれが本当なら、大変なことになります。

❖ 万一　　万一

○万一大学も不合格でしたら、どうしましょう。

○万一のときは、ここから逃げてください。

❖ 一旦　　一旦，既然

○一旦やると決心したら、直ちに行動に移してください。

○彼は一旦言い出したら、最後までやり抜く男です。

❖ いざ　　一旦

○いざとなれば、私にも覚悟があります。

○いざというとき、直ちに出動できるようになっています。

❖ ひとたび　　一旦，如果

○ひとたび地震でも起これば、このビルは崩れてしまいます。

○ひとたび大雨が降れば、この付近はいつも水浸しになります。

❖ たとえ　　即使，纵然

○たとえお世辞でも、褒められれば悪い気はしないものです。

○あなたのためなら、たとえこの身がどうなろうかかまいません。

❖ いくら/いかに　　即使多么，无论怎样

○いくら/いかに悔やんだところで、今更どうにもならないことです。

○わけも聴かずに退学処分なんて、いくらなんでもひどすぎます。

❖ どんなに　　无论如何

○どんなに才能があっても、努力しなければ成功はつかめません。

○今はどんなに苦しくとも、未来を信じて生きていきます。

❖ 仮にも　　无论如何，千万不

○仮にも死ぬなんて口にするもんじゃない。

○仮にも教師たる者、法に触れるような行為はするな。

❖ 今更　　事到如今

○今更後悔しても、もうどうにもならないことです。

○もう終わったことを、今更言っても始まりませんよ。

❖ せめて　　哪怕，至少

○せめて利子だけでも払って欲しいです。

○せめてお顔なりとも拝見したいと思って、伺いました。

❖ よしんば　　即使，纵然

○よしんば彼が謝っても、ちちは許しません。

○よしんばそれが過失であったとしても、自己の責任は免れません。

❖ なまじ/なまじっか　　不上不下，马马虎虎

○なまじっか金があるばかりに、人に対して傲慢になります。

○なまじ知っている仲間だけに、お金のことは頼みにくいです。

❖ なにしろ/なにせ　　因为，由于，无论怎么说，总之

○なにしろ/なにせけちな彼のことだから、お金を出すとは思えません。

○なにしろ/なにせ安い製品ですから、品質は劣ります。

❖ なにぶん　　只是因为，无奈，毕竟，到底

○なにぶん初めてなので、よろしくご指導お願いいたします。

○なにぶん子供がしたことですから、どうか許してやってください。

❖ ただ　　只，只有，只能

○ただ自分の信じる道を進むのみです。

○ただ当然のことをしただけです。

❖ 単に/単なる　　单，只，只不过

○それは単なるうわさに過ぎません。

○いじめ問題は単にわが国だけの問題ではありません。

❖ ひとり　　只，光，单，仅

○環境問題はひとり日本のみならず、全世界の問題です。

○このたびの原発事故の責任はひとり電力会社だけではなく政府にもあります。

❖ 例えば　　比如

○マスコミ、例えばテレビや新聞などは…

○タメ語というのは、例えば「俺」「お前」のような言い方のことです。

❖ いわば　　可以说是

○パソコンは、いわば便利な文房具のようなものです。

○小林多喜二は、いわば日本の魯迅です。

❖ やはり　　　仍然，还是，果然

　　○やはりいくのは止めた方がいいですよ。

　　○賢くても、やはり子供は子供です。

❖ なるほど　　　诚然，的确，果然

　　○東京はなるほど物価が高い。

　　○なるほど、そういう事情でしたか。

❖ さすが　　　真不愧是

　　○さすがに元プロだけあって、うまいもんです。

　　○さすがの名選手も、年には勝てません。

❖ 相変わらず/相も変わらず　　　照旧，依旧

　　○相変わらずお美しいですね。

　　○相も変わらず高校教師をしています。

❖ 果たして　　　果然，果真

　　○果たしてその話は事実でしょうか。

　　○天気予報は午後から雪になるといっていたが、果たして大雪になりました。

❖ 案の定　　　果然，不出所料，意料之中

　　○遊んでばかりいたから、案の定、受験に失敗しました。

　　○あんなにスピードを出していたら事故を起こすと思ったが、案の定でした。

❖ かえって　　　反倒，反而

　　○道が込んでいるときは、歩いた方がかえって早いことがあります。

　　○お金がたくさんあるのも、子供にはかえって良くない。

❖ つまり　　　也就是说

　　○日本の首都、つまり東京の物価はニューヨーク、パリよりも高いです。

　　○つまり、何が言いたいんですか。

❖ すなわち　　　也就是说

　　○唐の都、すなわち長安。

　　○それこそ、すなわち僕が言いたかったことです。

❖ とりもなおさず　　即是，就是

　〇それはとりもなおさず賄賂ですよ。

　〇連絡がないのは、とりもなおさず元気でやってるってことです。

❖ 結局　　結果是，到头来

　〇この世の中、結局、お金です。

　〇林氏は首相の座にとどまろうとしたが、結局、辞任に追い込まれました。

❖ いずれにせよ/いずれにしても　　総之，不管怎么样

　〇こんな結果になったのは、いずれにせよ君自身の責任です。

　〇いずれにしても、両者の対決は避けられないでしょう。

❖ どうせ　　反正，総之

　〇彼がやっても、どうせ失敗するに決まっているではありませんか。

　〇どうせ間に合わないんだから、ゆっくり行きましょうよ。

❖ つまるところ　　毕竟，総之，归根结底

　〇つまるところ、「金を貸せ」ってこと？

　〇今回の原発事故は、つまるところ安全対策を怠ったことにあります。

❖ とどのつまり　　到头来，到底

　〇とどのつまり、やりたくないんですね。

　〇借金を重ね、とどのつまり、夜逃げをする始末です。

❖ どのみち/どっちみち　　到头来，到底

　〇手術をしても、どっちみち助かりません。

　〇どのみちやらなければならないことだから、早く済ませた方がいいです。

❖ もともと　　根本，本来，从来

　〇もともとやる気がないんだから、いくら教えても無駄ですよ。

　〇彼は口では厳しいことを言うが、もともと根は優しい男ですよ。

❖ もとより　　根本，本来，固然

　〇危険なことはもとより承知です。

　〇私はもとより君の考えに賛成です。

❖ 本来　　本来，原来

　〇強がっているけど、あの人は本来気の弱い人です。

○本来なら、社長が伺うところですが…

❖ 元来　　本来，原来

○私は元来不器用な男なんです。

○元来経済というものは生き物なのです。

❖ そもそも　　究竟，毕竟

○そもそもけんかの原因は何ですか。

○そもそもの人間というものは、欲のかたまりなんですよ。

三、意志、态度、样态副词

❖ ぜひ/ぜひとも　　一定

○この事業はぜひ成功させたいです。

○ぜひとも私に先生のお力をお貸しください。

❖ できれば/できたら　　可能的话

○できれば/できたら参加したいと思います。

○できれば/できたらテレビの音をもう少し小さくしていただけませんか。

❖ どうか　　请，希望

○どうかお許しください。

○どうか気を落とさないでください。

❖ どうぞ　　请，希望

○どうぞお座りください。

○どうぞよろしくお願いします。

❖ できるだけ/できる限り/なるべく　　尽可能，尽量

○明日はできるだけ/できる限り早めに来てください。

○教室ではなるべく/できるだけ日本語以外は使わないようにしてください。

❖ どうにかして/何とかして　　想个办法，想方设法

○どうにかしてあの絵画を手に入れたい。

○何とかしてこの作品を完成させたい。

❖ なにとぞ　　请，请务必

○息子の就職の件、なにとぞよろしくお願いします。

○なにとぞお体をご自愛ください。

❖ 一生懸命　　拼命，尽力

○一生懸命がんばります。

○試験に向けて一生懸命勉強する。

❖ がむしゃらに　　不顾一切，不顾后果

○敵軍に向かって、がむしゃらに突進する。

○彼は会社のためにがむしゃらに働いたあげく、リストラされてしまった。

❖ こつこつ　　孜孜不倦，勤勉地

○こつこつと働いて貯めたお金を、騙し取られてしまった。

○こつこつと遺跡調査を続ける。

❖ せっせと　　不停地，勤勤恳恳地

○恋人にせっせとラブレターを書いている。

○蟻のように、せっせと働く。

❖ ひたすら　　只顾，一味，一个劲儿

○彼はひたすら古代史の研究に没頭している。

○ひたすら平静を装った。

❖ ひたむきに　　一心一意，只顾，一个劲儿

○ひたむきに映画の製作に取り組んでいる。

○ひたむきに学問の道を進む。

❖ もっぱら　　专，净

○彼はもっぱら仕事に打ち込み、家族のことは妻に任せっぱなしだ。

○彼女、社長の息子と結婚するって、もっぱらのうわさだ。

❖ 絶対/必ず/決して　　絶対

○正義は絶対に/必ず勝つ。

○君なら絶対/必ず合格できる。

○人に迷惑を掛けるようなことは絶対/決してしてはいけない。

❖ 断じて/断固として　　絶対

○一人になっても断じて/断固やりぬく。

○いかなる困難があろうと、断じて/断固としてこの任務を果たす。

❖ どうしても/何としても　　无论如何

○今度の試合はどうしても勝ちたい。

○なんとしても彼に勝ってみせる。

❖ せっかく　　好不容易

○せっかく東京まで来たのですから、浅草見物でもして帰ったらどうですか。

○今日の運動会をせっかく楽しみにしていたのに、雨で中止になってしまった。

○せっかくの料理が冷めてしまった。

❖ わざわざ　　特意，专程

○わざわざお越しいただき、申し訳ございません。

○電話で済むんだから、わざわざ行くことはないよ。

❖ わざと　　故意

○わざと聞こえないふりをする。

○わざとしたことではないので、許してやってください。

❖ 敢えて　　敢，硬，勉强

○敢えて危険を冒すことはない。

○貴方がどうしても辞めると言うなら、敢えて止めはしないつもりです。

❖ ことさら　　故意，特意，特别

○些細なことを、ことさら大げさに騒ぐ。

○親に心配を掛けまいと、ことさら明るく振舞う。

❖ 無理矢理/無理に　　硬要，强制，勉强

○無理矢理/無理にお酒を飲まされた。

○嫌がっている人に、無理矢理/無理にやらせることはない。

❖ 強いて　　硬要，勉强

○強いて言えば、こちらの方が好きですね。

○強いてことを荒立てることはない。

❖ きっぱり　　断然，干脆

○そんな無理な要求はきっぱりと断った方がいい。

○曖昧さを残さないきっぱりした態度をとる。

❖ はっきり　　清楚，明确

○はっきりと言わないと、相手には伝わらないよ。

○彼とは白黒をはっきりさせる。

❖ しっかり　　好好地，坚定，结实，坚强

○しっかりと勉強をするんですよ。

○しっかりしろ。気を確かに持て。

❖ きちんと　　整齐，恰当，准时，好好地

○時間通りにきちんと集まってください。

○もっと服装をきちんとしなさい。

❖ きっちり　　整，正好

○子供にはよく分かるようにきっちりと説明した方がいい。

○試験は10時きっちりに始まりますから、遅刻しないこと。

○女はきっちりしたチャイナドレス姿で会場に現れた。

❖ 生き生き　　活泼地，生动地

○子供たちは生き生きとした表情で、サッカーに興じていた。

○工場の労働者たちは生き生きと仕事をしていた。

❖ てきぱき　　麻利地

○てきぱきと仕事を片付ける。

○てきぱきと部下に作業の指示をしていた。

○店員たちのてきぱきした接客態度に、私は好感を持った。

❖ はきはき　　干脆地

○その子は先生の質問にはきはきと答えた。

○この店の店員は客の応対がはきはきしていて、感じがいい。

❖ きびきび　　爽快地，爽利地

○消防隊員たちはきびきびと消火活動に当たっていた。

○きびきびした動作は、見ていて気持ちがいいものだ。

❖ ばりばり　　干劲足，积极紧张地

○彼は精力的にバリバリと仕事をこなしている。

○彼はわが社の中でも、若手のバリバリだ。

❖ もりもり　　精力旺盛地，迅猛地

○やる気一杯で、もりもり働いている。

○もりもりと元気が沸いてきた。

❖ いじいじ　　萎縮，缩手缩脚

○彼って、いつまでもいじいじと煮え切らない男だな。

○いつまでもいじいじしてるんじゃないよ。

❖ うじうじ　　迟疑不决，磨磨蹭蹭

○済んだことをうじうじと悩んでいるんじゃないよ。

○お前って、男のくせにうじうじして決断力のないやつだなあ。

❖ もじもじ　　扭扭捏捏

○何を聞かれても、彼女はもじもじと、ただうつむいてはにかむばかりだった。

○私はつまらない会議なので、帰りたくてもじもじしていた。

❖ ごろごろ　　闲呆，无所事事

○退職してからというもの、主人は何もしないで、家出ごろごろしています。

○あなた、ごろごろ寝ていないで、掃除でも手伝ってください。

❖ だらだら　　冗长，不精练

○いかにもやる気がなさそうに、だらだらと仕事をしている。

○息子は一日中テレビを見ながら、家出だらだらしている。

❖ ぐずぐず　　慢腾腾，磨蹭

○ぐずぐずしないで、早く済ませろ。

○ぐずぐず文句を言わず、さっさとやれ。

❖ もたもた　　缓慢，慢腾腾

○もたもたしていると、会社に遅刻するよ。

○中国との貿易自由化交渉がもたもたと長引いている。

❖ おろおろ　　坐立不安，惊慌失措

○交通事故を起こして、男はおろおろしていた。

○いきなり意見を求められて、彼はおろおろと答えた。

❖ そわそわ　　坐卧不安

○今日は娘のお見合いとあって、母も朝からそわそわしている。

○試験会場の学生たちはそわそわと落ち着かない様子だった。

❖ まごまご　　张皇失措，不知所措

○まごまご歩いていると、車にははねられるよ。

○駅の中で出口が分からずまごまごしていた。

❖ あたふた　　慌张

○社長から電話で呼び出され、あたふたと部屋を出て行った。

○突然の地震に、あたふたするばかりだった。

❖ たじたじ　　退缩，萎缩，招架不住

○鋭い野党の追求は、大臣はたじたじとなった。

○客の激しい抗議を受けて、店長もたじたじしている。

❖ せかせか　　急急忙忙

○彼はいつも早口で、せかせかした話し方をする。

○妻は忙しそうに、せかせかと家の中を動き回っている。

❖ ぽかんと　　张嘴发呆

○ぽかんとしていないで、早く仕事を始めろ。

○彼はぽかんと口を開けて、娘たちの踊りを見ていた。

❖ ぼんやり　　发呆，模糊

○今日は頭がぼんやりしていて、何をやっても失敗ばかりだ。

○彼女はぼんやりと、窓の外を眺めていた。

❖ きょとんと　　发呆，呆然若失

○急に警官に呼び止められて、何のことかときょとんとしている。

○まるで狐に包まれたようにきょとんとしている。

❖ ぼさっと　　呆呆地，发呆

○ぼさっとするな。危ないぞ。

○みんな忙しく働いているのに、彼一人ぼさっと立って見ている。

❖ ぼっと　　模糊地，脸微红地

　○この子はいつもぼっとしている。

　○あまりにその女性が美しいので、僕はぼっと見とれてしまった。

❖ ぼやぼや　　呆傻，呆头呆脑

　○この大変なときに、ぼやぼやするな。

　○ぼやぼやしていると、置いていくよ。

四、时间副词

❖ ただ今　　现在

　○ただ今の時刻は正午です。

　○ただ今会議中なので、少々お待ちください。

❖ 今日（こんにち）　　今天，现今

　○今日限りで閉店することになりました。

　○今日のわが国の繁栄は、国民の努力の賜物である。

❖ この頃/近頃/最近　　近来，近日

　○この頃少し太った。

　○近頃彼には会っていない。

　○最近嫌なことばかりだよ。

❖ 今頃　　此时，这时候

　○今頃家に着いたことだろう。

　○今頃慌てても手遅れだよ。

❖ 今や　　现在正是，马上，眼看就

　○彼は今や押しも押されもせぬ大スターだ。

　○今や決起すべきときだ。

❖ たった今　　刚才，刚刚

　○たった今、出かけたところです。

　○僕もたった今、来たばかりです。

❖ 今さっき/今しがた　　方才，刚才

　○今さっき、田中さんから電話が会ったよ。

○先生は、今しがたお戻りになりました。

❖ さっき/先ほど　　剛才，方才

○田中君から、さっき連絡があったよ。

○先ほどは失礼いたしました。

❖ このたび　　这回，这次

○このたびは本当におめでとうございます。

○このたび、こちらに配属されました李と申します。

❖ この間/先日　　最近，前几天

○この間/先日はどうもお世話になりました。

○彼にはこの間会ったばかりだよ。

❖ かつて/以前　　曾经，以前

○その本はかつて/以前読んだことがある。

○これはかつてない大発明だ。

❖ かねて/かねがね　　事先，以前

○日本留学は、私のかねてからの夢でした。

○かねて/かねがね婚約中の二人が、めでたく挙式を挙げた。

❖ 先ごろ　　前几天，早些时候

○先ごろアメリカから帰国しました。

○このビルで火災が起こったのは、つい先ごろのことです。

❖ 今後これから　　今后，以后

○今後/これから気をつけてください。

○今後とも/これからもどうぞよろしくお願いいたします。

❖ この先　　今后，将来

○この先/これからどうなることやら。

○この先何年かかるか分からない。

❖ 近く/近々　　不久，过几天

○近く韓国に行く予定です。

○その製品は、近々発売されます。

❖ 将来　　将来，未来

　○君の将来に期待している。

　○こんな暮らしをしていたら、将来、後悔することになるよ。

❖ 先々　　将来，后日

　○先々どうなることだろう。

　○この国の経済には、先々不安がある。

❖ 今に　　不久，即将，早晚

　○今に見ていろ、きっと彼を見返してやる。

　○今に景気も回復するだろう。

❖ そのうち　　过几天，不久以后

　○そのうち彼の考えも変わるだろう。

　○そのうち会ってお話しましょう。

❖ やがて　　不久，马上

　○やがて事態は収束に向かうだろう。

　○やがて君も人の親になる日が来る。

❖ 遅かれ早かれ　　迟早，早晚

　○遅かれ早かれ、君にも分かる日が来る。

　○遅かれ早かれ、石油資源はそこをつくことになる。

❖ いずれ　　不久，最近

　○いずれ彼から知らせがあるでしょう。

　○嘘をついても、いずれ分かることだ。

❖ あっという間に　　一眨眼的工夫

　○その男はあっという間に殴り倒された。

　○それはあっという間の出来事だった。

❖ たちまち/たちまちのうちに　　转瞬间，立刻，马上

　○その新製品はたちまち売り切れた。

　○山盛りの料理がたちまちのうちになくなった。

❖ 瞬く間に　　转眼间

　○テーブルに並んだ料理を、彼は瞬く間に食べてしまった。

　○店頭に並べられたパンは、瞬く間に売り切れた。

❖ たちどころに　　転眼間

　　○その刑事は、難事件をたちどころに解決した。

　　○彼女は相手の意図をたちどころに見抜いた。

❖ とっさに　　火速，火急

　　○とっさに身をかわした。

　　○とっさの判断で、機械のスイッチを切った。

❖ 見る間に/見る見る　　眼看着

　　○見る間に黒山の人だかりとなった。

　　○火の手は見る見る広がった。

❖ 急に　　忽然，突然

　　○その子は私の顔を見ると、急に泣き出した。

　　○父の病状が急に悪化した。

❖ 突然　　突然

　　○突然停電し、あたりが真っ暗になった。

　　○突然のプロポーズで、どう返事をしていいか分からなかった。

❖ 不意に　　冷不防，突然，想不到

　　○不意にバスが急停車した。

　　○不意に訪ねてこられたので、慌てた。

❖ いきなり　　突然，冷不防

　　○彼はいきなり私に殴りかかった。

　　○彼はいきなりドアを開けて入ってきた。

❖ にわかに　　突然，骤然

　　○にわかに黒雲が現れたかと思うと、突風が吹き出した。

　　○彼女はにわかに帰り支度を始めた。

❖ すぐ　　立刻；就在

　　○商品はすぐお届けします。

　　○彼女は、何かあるとすぐ怒り出す。

　　○私の家は駅のすぐ近くにあります。

❖ 早速　　立刻，马上

○さっそく持って参ります。

○さっそくのお返事、ありがとうございます。

❖ 至急　　火急，火速

○至急にそれを取り寄せてください。

○至急の用事があって参りました。

❖ 直ちに/即刻　　立刻，即刻

○直ちに/即刻行きなさい。

○過ちは直ちに/即刻改めるべきだ。

❖ さっさと　　赶快，迅速

○さっさと始めたらどうですか。

○さっさと食べなさい。

❖ もうすぐ　　快要，快到

○もうすぐお正月ですねえ。

○彼ならもうすぐ帰ってくるはずです。

❖ まもなく　　不久，一会儿

○バスはまもなく来るでしょう。

○まもなく12時になるよ。

❖ 今にも　　马上，不久

○今にも雨が降り出しそうな雲行きだ。

○今にも壊れそうな木の橋が架かっていた。

❖ そろそろ/ぼつぼつ　　就要，不久

○お客様もそろそろ/ぼつぼつお見えになるころです。

○そろそろ/ぼつぼつ出かけようよ。

❖ いよいよ　　到底，终于

○いよいよ入試の日が近づいた。

○いよいよ出発という時になって、雨が降り出した。

❖ じきに　　立刻，马上

○軽い風邪だから、じきに良くなるよ。

○主人はじきに帰ってきます。

❖ ちょっと/少し/少々　　一会儿，暂且

　○ちょっと待って。

　○少し待ってください。

　○少々お待ちください。

❖ しばらく　　暂且，一会儿；好久，许久

　○こちらで、しばらくお待ちください。

　○やあ、しばらく。元気だった？

❖ 長らく　　长久，长时间

　○彼には長らく会っていない。

　○長らくご無沙汰しています。

❖ 当分　　目前，暂时

　○新品が入るまで、当分、このパソコンで我慢してください。

　○店内改装のため、当分の間、お休みさせていただきます。

❖ さしあたり/当面　　目前，眼前，当前

　○これだけお金があれば、さしあたり/当面困らない。

　○さしあたり/当面これで大丈夫でしょう。

❖ ずっと　　一直，始终

　○彼女は一度離婚してから、ずっと独身です。

　○朝からずっと働きっぱなしで、疲れてしまったよ。

❖ いつまでも　　永远

　○君のことはいつまでも忘れない。

　○僕たち、いつまでも友達でいようね。

❖ 終始　　始终，从头到尾

　○彼女は会議の間、終始、無言だった。

　○外相会議は、終始和やかな雰囲気の中で行われた。

❖ ゆっくり　　慢慢，不着急

　○人生、急がず、ゆっくり行こうじゃないか。

　○もっとゆっくりしていってください。

❖ のろのろ　　迟缓，慢吞吞地

○彼ののろのろした動きを見ていると、いらいらしてくる。

○運転免許を取ったばかりなので、まだのろのろ運転です。

❖ そろそろ　　慢慢地，徐徐地

○音を立てないように、そろそろ歩く。

○腰を痛めているので、そろそろ立ち上がった。

❖ おもむろに　　　慢慢地，静静地

○彼女は事情をおもむろに語り始めた。

○おもむろに筆を取って、書を書き始めた。

❖ 少しずつ　　　一点一点地

○病気は少しずつ回復に向かっている。

○毎日少しずつ原稿を書いている。

❖ 次第に　　渐渐

○風雨は次第に激しさを増した。

○次第に病状は回復しつつある。

❖ だんだん　　　渐渐，越来越

○これからだんだん寒くなる。

○慣れればだんだんとできるようになるよ。

❖ 徐々に　　　慢慢地

○見ているうちに、徐々にやり方がわかってくる。

○徐々に景気が悪くなっていった。

❖ どんどん　　　气势旺盛，接二连三地

○炎がどんどん燃え広がった。

○改装してから、どんどん客が来るようになった。

❖ ますます　　　愈发，越来越

○日本への興味がますます強かった。

○彼女、結婚してから、ますます美しくなりましたね。

❖ いよいよ　　　越发，更加

○あの国の経済状況はいよいよ/ますます悪化している。

○歯の痛みがいよいよ/ますますひどくなってきた。

❖ 自然に/自然と　　自行，自动地，自然而然地

〇双子でも性格は自然と違ってくる。

〇この程度の病気なら、放っておいても自然に治る。

❖ ひとりでに　　自然而然地，自行地

〇幼児は母語をひとりでに身に付ける。

〇放っていたが、傷はひとりでに良くなった。

❖ おのずから/おのずと　　自然而然

〇道はおのずから/おのずと開かれる。

〇真相はおのずから/おのずと明らかになるだろう。

❖ いつの間にか/いつしか　　不知什么时候

〇いつの間にか、日が暮れていた。

〇気が付くと、いつしか夜が明けていた。

❖ 知らず知らず/知らず知らずのうちに　　不知不觉地，不由得

〇知らず知らず、眠ってしまった。

〇知らず知らずのうちに、二人の間には恋が芽生えていた。

❖ もう　　已经

〇もう食事は終わりましたか。

〇もう君を信じる人は一人もいないよ。

❖ すでに　　已经

〇あれからすでに一年が過ぎ去った。

〇両者の勝負はすでについている。

❖ とっくに/とっくの　　早就，老早

〇子供はとっくに寝ました。

〇そんなこと、とっくの昔から知ってたよ。

❖ もはや　　已经

〇君の考え方は、もはや時代遅れだ。

〇ここに至っては、もはや打つ手はない。

❖ まだ　　还，尚

〇まだ急げば間に合う。

○A：「もういいかい？」

　B：「まだだよ。」

❖ 未だに/未だかつて　　还，仍然

　○彼は40歳になるが、未だに/未だかつて独身だ。

　○未だに/未だかつて犯人の行方は分かっていない。

❖ 今もって　　直到如今

　○今もって彼から連絡がない。

　○今もって公害問題は解決されたとは言えない。

❖ 依然/依然として　　依然，仍旧

　○依然として病状は良くなっていない。

　○男は依然として犯行を否認している。

❖ ついぞ　　还未，从来没有

　○ついぞ聞いたこともない音楽だった。

　○そんな人にはついぞ会ったことがない。

❖ ついに　　终于，最终

　○やった、やった、ついにやった。

　○子供のごろからの夢がついに実現した。

　○妻は家を出たきり、ついに帰ってこなかった。

❖ とうとう　　终于，到底

　○ずいぶん探したが、とうとうお前を見つけたぞ。

　○時間まで待ったが、彼はとうとう来なかった。

❖ やっと　　终于

　○やっと就職先が決まった。

　○これでやっと安心して眠れる。

❖ 何とか　　总算，好歹

　○何とか窮地を切り抜けた。

　○今からなら、何とか締め切りに間に合うだろう。

❖ どうにか　　好歹，总算

　○どうにか手術が成功した。

○乗っていた船が沈没したが、どうにか命だけは助かった。

❖ ようやく　　終于，好不容易

○二浪の末、ようやく志望校に合格できた。

○やれやれ、ようやく試験が終わった。

❖ かろうじて　　好容易才，勉勉强强地

○かろうじて留年を免れた。

○かろうじて最終電車に間に合った。

❖ つい　　不知不覚，无意中，不由得

○つい朝寝坊してしまったんだ。

○つい大声を出して、ごめん。

❖ うっかり　　不留神，不注意

○うっかりして乗り過ごしてしまった。

○答案用紙にうっかり名前を書くのを忘れてしまった。

❖ 思わず　　禁不住，情不自禁

○思わず、あっと叫んだ。

○悔しくて、思わず涙が出た。

❖ ふと　　无意中，不知不覚地

○ふと振り返ると、先生が立っていた。

○ふと目を覚ますと、そばに母がいた。

❖ 何気なく　　无意中，不知不覚地

○何気なく言った言葉が人を傷つけることがある。

○何気なく手にした一冊の本が、彼の人生を変えることになった。

❖ あいにく　　不凑巧

○あいにく天候が悪くて、ハイキングは中止になった。

○あいにくですが、ご希望の品はただ今売り切れております。

❖ おりあしく　　不合时机，不凑巧

○編集長に面会に行ったが、おりあしく先客が会った。

○彼が来たのは、おりあしく私が不在のときだった。

❖ あらかじめ　　预先，事先

○あらかじめお断りしておきますが。

○あらかじめ準備しておく。

❖ 前もって　　預先，事先

○前もって連絡しておきます。

○前もって社長に知らせておいた方がいいでしょう。

❖ 先に　　以前，以往

○先に述べたとおり、この件につきましては。

○外国に行くなら、先に英会話を勉強しておいた方がいいよ。

❖ 最初　　起初，开始

○最初会ったときは、傲慢な人だと思いました。

○誰だって、最初から上手にできる人はいないんだよ。

❖ 初めて　　初次，第一次

○えっ！その話本当？初めて聞いたよ。

○子を持って、はじめて知る親の恩。

○それは私にとって初めての経験だった。

❖ まず　　首先

○まずもって、お礼申し上げます。

○このことは、まず両親に知らせます。

❖ 次に/次の　　其次，接着

○次に校長からご挨拶をいただきます。

○次の方、診察室にお入りください。

❖ ついで　　接着，随后，其次

○まず媒酌人の挨拶、ついで披露宴に移ります。

○開会式についでパレードが行われる。

❖ 今度　　下一次，将来

○この件は今度会った時話をしよう。

○今度来た先生はアメリカに留学していたそうだ。

○今度のテストは、来週の火曜日に実施します。

❖ 最後　　最后，最终

○最後に一言忠告しておきたいことがある。

○最後まで頑張ろう。

❖ あとで/のちほど　　以后，过后

○この件については、あとで文書で連絡します。

○結果はのちほど文書でもってお知らせいたします。

❖ いつも　　常常，平时

○健康にはいつも気をつけている。

○主人がいつもお世話になっています。

❖ 常に　　経常，常常

○時代は常に変化している。

○常に準備を怠ってはいけない。

❖ 絶えず　　不断，経常

○地球は絶えず回転している。

○情報技術は絶えず進歩を遂げている。

❖ 始終　　自始至终，一貫

○あの部屋、始終人が出入しているけど、どんな人が住んでいるんだろう。

○そんなに始終部屋に閉じこもって、何をしているの？

❖ しょっちゅう　　経常

○彼はしょっちゅう遅刻してくる。

○彼はしょっちゅう失敗して、上司に叱られている。

❖ 何度　　好几次

○京都には、仕事で何度も行っている。

○何度言ったら、あなたは分かるんですか。

❖ しばしば/たびたび　　屡屡，常常

○彼女は体が弱いので、しばしば/たびたび学校を休む。

○この場所では、しばしば/たびたび交通事故が起こっている。

❖ よく　　経常，动不动

○あの先生には、昔よく怒られたものだ。

○夕べはよく眠れましたか。

❖ しきりに　　頻頻，頻繁地

　〇彼はさっきから、周りをしきりに気にしている。

　〇雪がしきりに降っている。

❖ 時々　　有时

　〇晴れ、時々曇り。

　〇彼は時々この店に顔を見せるよ。

❖ 時に/時折　　有时，偶尔

　〇熟練した人も、時に/時折失敗することがある。

　〇時に/時折あの店によることもある。

❖ たまたま　　偶尔，稀少

　〇先日、電車の中でたまたま木村君に会った。

　〇たまたま開いた雑誌は、昔の恋人の写真が載っていた。

❖ たまに/時たま　　偶尔，稀少

　〇あの店にはたまに/時たま行くことがある。

　〇忙しくて、田舎にはたまに/時たましか帰っていない。

❖ まれに　　偶尔，很少，稀少

　〇彼はまれに見る才能の持ち主だ。

　〇これはまれにしか見ることができない植物だ。

❖ めったに　　不常，稀少

　〇これは君にとって、めったにないチャンスだよ。

　〇彼女はめったに笑わない。

❖ 一緒に　　一起

　〇お盆とお正月が一緒に来たようだ。

　〇ねえ、一緒に帰らない？

❖ 一度に　　同时，一下子

　〇みんな、一度に発言しないでくれ。

　〇一度に二つのことはできない。

❖ 一斉に　　一齐，同时

　〇選手たちは一斉にスタートを切った。

○彼が登壇すると、会場から一斉に拍手が沸きあがった。

❖ また 又，再
　○またおいでくださいね。
　○三宅島で、また火山の噴火が会った。

❖ ふたたび 再，又
　○戦場にもふたたび春がやってきた。
　○ふたたびこんな馬鹿なまねはするな。

❖ もう一度 再次，又一次
　○もう一度君にチャンスを与えよう。
　○もう一度僕と会ってほしい。

❖ ひっきりなしに 接连不断地
　○朝からひっきりなしに電話がかかってくる。
　○この道路は、昼夜を問わず車がひっきりなしに通る。

❖ 絶え間なく/続けざまに 不断地，不停地
　○絶え間なく降り続く雪。
　○続けざまに原発事故が起こった。

❖ ともすると/ともすれば 常常，往往
　○あの学生は、ともすると学業を怠けがちになる。
　○彼女は、ともすれば人に頼る傾向がある。

❖ とかく 往往，动不动
　○焦っているときは、とかく/ともすればミスを犯しがちだ。
　○とかくこの世は住みにくい。

❖ ややもすると/ややもすれば 动不动，动辄，很容易就
　○彼はややもすると過信に陥る嫌いがある。
　○最近の若者は、ややもすれば自分中心に走りがちだ。

五、情感、感覚副詞

❖ いそいそ 高高兴兴，欢欣雀跃
　○今日はデートなのか、彼女はいそいそと出かけていった。

〇兄は朝からいそいそして、旅の支度をしている。

❖ うきうき　　心里高兴，喜不自禁

〇何かいいことがあったのか、彼はうきうきした調子で話し始めた。

〇妹は心もうきうきと、海へ遊びに行った。

❖ わくわく　　欢欣雀跃，心里扑通扑通地

〇わくわくしながら、合格発表の日を待っている。

〇子供たちは初めてのキャンプとあって、わくわくと胸を膨らませている。

❖ ほくほく　　高兴，喜悦貌

〇ボーナスが入って、ほくほくしている。

〇彼は念願お相手との結婚も決まって、ホクホク顔だった。

❖ さっぱり　　爽快，痛快

〇掃除が行き届き、部屋もさっぱりと片付けられていた。

〇久しぶりにお風呂に入って、さっぱりした。

❖ すかっと　　舒畅，痛快

〇冷たいコーラを飲むと、のどがすかっとする。

〇このすがすがしい山の空気を吸うと、すかっとした気分になるね。

❖ すっきり　　舒畅，痛快，轻松

〇その薬を飲むと、胃の痛みがすっきりと治った。

〇今朝はとてもすっきりした気分だ。

❖ すっと　　爽快，痛快

〇いじめっ子が先生に叱られているのを見て、胸がすっとした。

〇薬を飲むと、すっと胃の痛みがひいていった。

❖ せいせい　　清爽，爽快

〇借金を返し終わったら、気持ちがせいせいした。

〇言いたいことを言ったら、気分がせいせいした。

❖ のびのび　　舒畅，悠闲自得

〇彼は幼少時代、祖母の下でのびのびと育った。

〇試験も終わって、のびのびしています。

❖ のんびり　　悠闲自得，无拘无束

○退職後は田舎でのんびりと暮らしたいと思っている。

○大学受験も近いのに、彼はのんびりしている。

❖ ほっと　　叹气，松了口气

○ほっとため息をつく。

○卒業論文が書き終わって、ほっとした。

❖ ゆっくり　　慢慢，舒适

○人生は焦らず、ゆっくりと行こうじゃないか。

○どうぞゆっくりしていってください。

❖ ゆったり　　宽敞，舒畅

○久しぶりに温泉でゆったりとくつろいでいる。

○やはり我が家に帰ると、ゆったりした気分になれるね。

❖ うんざり　　腻了，厌腻

○長ったらしいスピーチを聞かされて、みんなうんざりしている。

○毎日こんなに冷凍食品ばかりじゃ、うんざりだよ。

❖ げんなり　　疲惫不堪，发腻

○もうこの厚さにはげんなりだ。

○食べ過ぎて、料理を見るのもげんなりしてしまった。

❖ こりごり　　再也不敢，头疼

○借金の保証人になるのはもうこりごりだ。

○バブルの崩壊で大損してから、株にはこりごりした。

❖ かんかんに　　大怒，大发脾气

○親父は息子をかんかんになって怒った。

○ライバル会社に契約を取られ、社長は今かんかんだ。

❖ ぷりぷり/ぷんぷん　　怒气冲冲

○君、さっきから何をぷりぷり/ぷんぷんしてるんだい？

○彼女はぷりぷり/ぷんぷん怒って、帰っていった。

❖ むかむか　　怒上心头，大动肝火

○彼の話を聞いていると、むかむかと怒りがこみ上げてきた。

○あいつの顔を見るだけでも、むかむかする。

❖ ぷいと　　　突然一沉

　○彼女は機嫌を悪くして、ぷいと横を向いた。

　○彼は怒って、ぷいと席を立った。

❖ ぶすっと/むすっと　　　不高兴，眉头不展

　○彼、さっきからぶすっと/むすっとしてるけど、何かあったの？

　○同僚に批判されて、彼はぶすっと/むすっと黙り込んだ。

❖ むしゃくしゃ　　　恼火，心烦意乱

　○上司に叱れて、気分がむしゃしゃする。

　○昨夜、夫婦喧嘩をしたので、朝からむしゃくしゃしている。

❖ むっと　　　发火，心头火起

　○みんなに自分の意見を無視されて、彼女はむっとした。

　○むっとした表情で、彼は部屋を出て行った。

❖ むらむら　　　怒气油然而生

　○翌日になって、試合に負けた悔しさがむらむらとわきあがった。

　○幼い子供たちの命を奪った犯人への怒りが、むらむらとこみ上げてきた。

❖ どきどき　　　七上八下，忐忑不安，心怦怦直跳

　○心臓がどきどきと打つのが聞こえた。

　○どきどきしながら、合格発表を待っている。

❖ はらはら　　　捏一把汗

　○平和交渉の行方がどうなるか、はらはらと気をもみながら見守っていた。

　○車の多い道路で遊んでいる子供たちを見ると、はらはらさせられる。

❖ びくびく　　　提心吊胆，战战兢兢

　○殺人犯はいつ逮捕されるかと、びくびくしながら隠れて暮らしていた。

　○いつ首にされるかと、誰もがびくびくと社長の顔色をうかがっている。

❖ ひやひや　　　担心，提心吊胆

　○失敗しないかと、娘の演技をひやひやしながら見ている。

　○君の危なっかしい運転を見ていると、ひやひやするよ。

❖ おずおず　　　胆怯，畏畏缩缩

　○社長に突然呼び出され、彼はおずおずと部屋に入っていった。

○我々には威張る部長も、社長の前ではいつもおずおずしている。

❖ おどおど　　提心吊胆，战战兢兢

○おどおどと周りを見渡した。

○校長の前では、おどおどして何も言えなかった。

❖ ぴりぴり　　神経过敏，战战兢兢

○彼はいつもぴりぴりしていて、近寄りにくい。

○警察はいつ事件が再発するかと、ぴりぴりと神経を尖らせている。

❖ ぎゅっと　　大吃一惊，吓得心里怦怦直跳

○いきなり肩をたたかれて、一瞬ぎゅっとした。

○夫が乗っているはずの飛行機の墜落事故のニュースに、ぎゅっとした。

❖ ぎくりと/ぎくっと　　吃一惊，吓一跳

○不意をつかれて、ぎくりと/ぎくっとした。

○弱点をズバリつかれて、思わずぎくりと/ぎくっとした。

❖ ぞっと　　毛骨悚然

○それは思い出すだけでもぞっとする体験だった。

○不気味で、ぞっとするほど残酷な男だった。

❖ はっと　　吓一跳，突然想起

○忘れ物をしていることに、はっと気がついた。

○車を運転しているとき、いきなり子供が飛び出してきたので、はっとした。

❖ ひやりと　　打寒战

○その建物の中に入ると、ひやりと/ひやっと冷気を感じた。

○危うく階段から落ちそうになって、ひやりと/ひやっとした。

❖ がっかり　　失望，灰心丧气

○弟は東大との対抗野球試合に負けてがっかりして帰ってきた。

○そんなにがっかりするな。チャンスはまたあるから。

❖ くよくよ　　想不开，闷闷不乐

○すんでしまったことを今更くよくよしても仕方がないよ。

○いつまでもくよくよと悩んでいる場合じゃないよ。

❖ しょんぼり　　孤寂，垂头丧气

　　○男の子が公園で一人しょんぼりしていた。

　　○恋人に振られて、彼はしょんぼりとうなだれていた。

❖ がっくり　　突然无力地，颓丧

　　○彼は不合格と知って、がっくりと肩を落とした。

　　○一人息子に死なれて、両親はがっくりした。

❖ しおしお　　无精打采，垂头丧气

　　○彼は知人に借金を断られて、しおしおと帰っていった。

　　○相手が現役のボクサーだと知ると、やくざもしおしおと引き上げた。

❖ いらいら　　焦躁，焦虑不安

　　○彼はさっきからいらいらと部屋の中を歩き回っている。

　　○いくら待ってもバスが来ないので、いらいらする。

❖ じりじり　　焦躁

　　○何時間も待たされて、じりじりと苛立ってきた。

　　○今か今かとじりじりしながら、夫の帰りを待っている。

❖ むずむず/うずうず　　急得慌，跃跃欲试

　　○彼は発言したくて、むずむず/うずうずしている。

　　○ライバルとリングで闘えるかと思うと、腕がむずむず/うずうずする。

❖ がんがん　　痛得厉害

　　○風邪で熱が40度もあるので、頭ががんがんする。

　　○朝からがんがんと耳鳴りがする。

❖ ずきずき　　跳痛，一跳一跳地痛

　　○虫歯がずきずきと痛む。

　　○二日酔いで、頭がずきずきする。

❖ きりきり　　绞痛，剧痛

　　○おなかがきりきりと痛む。

　　○胃がきりきりする。

❖ ちくちく　　刺痛，扎得慌

　　○今セーターは着ていると、肌にちくちくする。

〇良心がちくちくと痛む。

❖ ひりひり　　刺痛，火辣辣地痛

〇擦り傷がひりひりと痛む。

〇日焼けしたところがひりひりする。